地域批評シリーズ⑪

これでいいのか東京都足立区

JN148817

まえがき

本書は、現在も続いている『地域批評シリーズ』の第一弾として2007年に刊行した『日本の特別地域①東京都足立区』を再編集し、新たに構成したものである。2006年に月刊誌文藝春秋に寄稿された『ルポ・下層社会』で、「下流の象徴」として足立区を取り上げた直後である。

この『ルポ・下層社会』において足立区は、「格差社会の進行における被害者」「子供の教育費に困り、半数近い数の生徒が給食費などを払えない」「学力が非常に低い」などとレポートされていた。

元々、足立区は都内交通の中心であるJR路線網がほとんどカバーしていないなどの要因により、都内他地域からの訪問・流入が非常に少なく、事実上「謎の地域」となっていた。「謎の地域」には「足立ナンバーは運転が荒い」「不良が多い」「有名な凶悪犯罪が起こった」などの評判や事実があり、ぼんやりと「足立区って悪そう」とイメージされていた。『ルポ・下層社会』は、その漠然としたイメージを確信に変えるきっかけとなった。

ただ、この文藝春秋の記事は、本質的に当時の小泉政権による「自己責任」「痛みを伴う」改革に対しての批判意見で、足立区はその「ダシ」に使われたという部分が大きかった。

そう考えると、もう少し純粋に「足立区ってどんなところ」「足立区民って本当にヤンキーなのか」という疑問と興味がわいてくる。その欲求を形にしたのが、この『地域批評シリーズ』の始まりだった。厳然とした事実と見なすことのできる統計データと、実際に街を歩いて感じた印象や空気感を重視しようと編集方針を固め、２００７年の３月に、北端である花畑から取材を始めた。

当初、2カ月程度の制作期間を想定していたが、実際の取材は難航。評判に聞いていた暴走族風の改造バイクは見つけられなかったし、貧困に苦しんでいると聞かされていた足立区の小学生は、普通にコンビニで漫画雑誌を買ったり、携帯用ゲーム機を手に街中にあった。実際に見てみるのと聞いた話は、少なくとも我々の体験としては食い違っている部分は多かったし、統計などの数字を調べても「別にヨソと変わらないじゃないか」とか、「むしろコッチが問題なんじゃないの」など、新しい発見や事前情報との食い違いが多すぎて、掲載内容が二転三転した。しかしその分、我々の足と大量の資料分析をすることができた。制作の途中から、かなり足立区の真相に迫りつつあるのではないか、という手応えを感じることができた。

結果として、『日本の特別地域①東京都足立区』はそれなりの成功を得ることができた。最も売れたのは足立区最大の街、北千住だ。足立区外では思ったより売れなかった。つまり、足立区民こそがこの本を支持してくれたのだ。

ちなみに、足立区は『ルポ・下層社会』の内容に公式な抗議行動を起こしている。しかし、我々は近藤やよい区長（当時・2016年現在3期目現職）に招かれ、「ちゃんと書いてくれた」と、お褒めの言葉をもらった。全体としては、我々も「下層・下流」であることを否定しなかったにもかかわらずだ。正直、連絡をもらった時は「怒られる」と思い、「打ち首か……」と覚悟を決めて、泪橋を渡ったのである。日比谷線に乗って向かったのでおおよそウソではあるまい。ともあれこれは、大きな自信となった。

さて、その『日本の特別地域①東京都足立区』の文庫化である。10年近い歳月を経て、実際足立区は大きく変わった。本来であれば、それらの内容を反映させ、現在と矛盾するような数値、事実、表現は改めるのが「新装版」である本書にふさわしい。だが、今回はあえて、以前の内容はほぼ変更無く掲載し、同時に変化があった部分については「こう変わった」という追記を行い、どこが変わり、どこが変わっておらず、どんな問題が解消され、どんな問題がより悪化したのか、ということを見てもらおうと思う。

つまり、本書の内容は、基本的に「昭和の時代が色濃く残ったちょっと前の足立区」だ。つくばエクスプレスが開業し、日暮里・舎人ライナーがまだ建設中だった「夜明け前の足立区」の姿である。今回、改めて足立区を歩き、統計の数字を見た。日暮里・舎人ライナーの存在は、交通不毛地帯だった西部地域を大きく変えた。2007年当時、既に始まっていたマンション建設ラッシュは今も続いている。反面、それでも「足立区らしさ」は至る所に残っているし、また、失われたものもあるように見える。

足立区のこれまでと、今の変化。改めて確認すれば、これからの足立区を考える助けになるのではないか。それを期待して、本書を編集した。是非、過去も今も面白い足立区を見つめる旅に、最後までお付き合いいただきたい。

足立区地図

谷塚駅
埼玉県
草加市
日光街道
綾瀬川
埼玉県
八潮市
八潮
つくばエクスプレス
八潮PA
首都高速6号三郷線
八潮駅
花畑
葛西用水
中川
八潮南
埼玉県
三郷市
保木間
垳川
六木
神明
花畑運河
南花畑
東保木間
大場川
神明南
辰沼
佐野
東六月町
保塚町
六町駅
北加平町
東京都
葛飾区
六町
日光街道
平野
一ツ家
大谷田
加平
西加平
谷中
加平
4
北綾瀬駅
足立区役所
青井
中央本町
中川
中川
青井駅
東和
弘道
綾瀬
東綾瀬
五反野駅
亀有駅
西綾瀬
環七通り
綾瀬駅
足立
JR常磐線
千住新橋
首都高速中央環状線
小菅駅
千住大川町
小菅Jct
東京都
葛飾区
6
北
千住
日ノ出町
小菅
北千住駅
堀切菖蒲園駅
お花茶屋駅
水戸街道
千住旭町
柳原
京成本線
千住東
牛田駅
堀切Jct
平和橋通り
京成関屋駅
堀切駅
千住関屋町
千住曙町
0
1km

南鳩ヶ谷駅
埼玉県
鳩ヶ谷市
埼玉県
川口市
122
見沼代親水公園駅
舎人
草加バイパス
辰井川
埼玉高速鉄道
古千谷本町
毛長川
足立入谷
入谷
舎人駅
東伊興
入谷町
舎人町
伊興本町
川口元郷駅
埼玉県
川口市
舎人公園
古千谷
舎人公園
舎人公園駅
伊興
竹ノ塚駅
加賀
新芝川
皿沼
西伊興町
西竹の塚
スカイツリーライン
加賀
西伊興
首都高速川口線
尾竹橋通り
東領家
谷在家駅
谷在家
日暮里・舎人ライナー
新河岸川
西新井
足立区
鹿浜
栗原
西新井大師西駅
西新井大師
志茂駅
鹿浜橋
椿
環七通り
大師前駅
西新井駅
西新井本町
西新井栄町
堀之内
荒川
江北
江北駅
新田
東京メトロ南北線
尾久橋通り
高野駅
興野
関原
江北Jct
本木東町
王子神谷駅
扇大橋駅
本木北町
東京都
北区
扇
本木西町
本木南町
本木
千住
首都高速中央環状線
扇大橋
扇大橋
宮城
千住元町
王子北
小台
足立小台駅
千住桜木
隅田川
王子駅
都電荒川線
明治通り
東京都
熊野前駅
荒川区
122
上中里駅
尾久駅
東京メトロ千代田線
千住緑町
JR東北・上越新幹線
JR宇都宮・高崎線
西ケ原駅
JR京浜東北線
赤土小学校駅
町屋駅
町屋駅
西巣鴨駅
17
都営三田線
JR山手線
京成本線
千住

足立区の基礎データ

国	日本
地方	関東地方
都道府県	東京都
団体コード	13121-1
面積	53.20km2
人口	680,670 人 （推計人口　2016 年 6 月 1 日 外国人含む）
人口密度	12,795 人／㎢
隣接自治体	葛飾区 北区 荒川区 墨田区 埼玉県八潮市他
区の木	さくら
区の花	チューリップ
区役所 所在地	〒 120-8510 足立区中央本町一丁目 17 番 1 号
電話番号	03-3880-5111（代表）

※ 2016 年 6 月現在推計　足立区ホームページより

第１章
足立区は本当にビンボーなのか？

足立区民はガストとマックがお好き

足立区の夜は早い

22時ごろの日光街道。千代田区の1号国道、新宿区の靖国通りに匹敵する、千住から区役所を通る足立区のメインストリートだ。そびえ建つ中層マンション群はみんな電気が消えてやがる！　足立区の夜は大変に早いようだ。いやまて、実はみんな帰宅していないだけなんじゃないの？　お父さん、お母さんに子供で飯食ってんじゃないの？　22時にまだ家族で食事をすることの是非はともかくとして、この「22時×ことごとく明かりがついていない＝家族で食事」の公式は成り立つはずである。

足立区の繁華街といえば北千住と綾瀬だ。22時といえども家族向けの楽しくも爽やかなレストラ……。開いているのは飲み屋しかねえ。確かに子供がいることはいるが、バラエティ番組をつまみに甲種チューハイを飲んでいる濃い目の元ヤン風味推定26歳夫婦の脇でコールタールチックな床へのダイブを楽しんでやがる。むむ、やはり土曜夜の繁華街は、饐えた匂いのする大人の安息地であることは全国共通のようだ。

ここでふと気づく。それって当たり前でしょ。いまどきの一般的かつ幸せな家族の団欒といえばファミレスだ。デニーズ、ロイヤルホスト、多種多様のバリエーションを誇るすかいらーく。そこに家族連れが集結しているに違いない！

日光街道を北上すると、７分以上の客入りの店を発見。ガストかよ！　ガストといえば、安ファミレスのシンボル。早くも「足立区＝ビンボー」の公式が完成しそうだが、たまたまということもある。さらに車を走らせ、再度大入りの店舗を発見。マックかよ！

支配勢力はガスト&マック

早くも足立区が比較的ビンボーな地帯であることを証明しつつある、「ガスト&マック大入り：他ファミレス閑古鳥」な事実。だが、これだけではとても正しい調査だといえないことは百も承知だ。

仕方がない、時間が過ぎれば過ぎるほど、サンプルとなる人々は帰ってしまう。取り急ぎ、2軒目のマックに飛び込んでみる。

食事がまだだったので、バリューセットを注文。店はドライブスルー付のタイプなので、一階は小さなカウンターだけだ。目指すは2階。

……まずい、これはまずい。一般的に、22時半前のマックといえば、地場の暇な若者が集う空間であり、どこの地域でも多少は不穏な空気があり、さらに空き気味なものである。

が、この店は一部劇的に違う。まず、いまどきのマックらしく禁煙席の面積が広い。が、客の入りはゼロ。振り返ってガラスに囲まれた哀れな喫煙者のオアシスは、なんと大入り満員である。

客構成もマズい。10代末期っぽい現役のヤンキーが1組。20代中盤っぽい引退ヤンキー風味夫婦（とおもわれる）が一組。見るからに子連れ・再婚・外人妻な家族連れ4人組。ラストは高校生確率70％以上の男女6人組（当然みんな喫煙者）。ワタクシの座る席ありません。

足立区は郊外都市だ！

ここで、足立区のファミレス事情を俯瞰して説明しよう。

一般に公共交通機関の発達した23区において、足立区は異彩を放つ地域である。23区でも、特に西側の地域に住んでいると、10分も歩けばどこかの鉄道駅にたどり着く。15分も歩くような地域は「陸の孤島」と称されてしまう。ところが、足立区は、そんな地域が当たり前。主な交通手段は、徒歩・自転車・バスというよくいえば、「郊外型都市」。ありていに話せば、「田舎」である。

かくして23区民でありながらカントリーパーソンな足立区民は、自家用車ギュウギュウ詰めに乗り込んでファミレスを目指すのである。あんまり小遣いのないティーンたちは、自転車でマック！　なのである。

廉価店舗の多い足立区

足立区にある企業系のファミレス・ファストフードの数をリストアップしてみると、面白いデータが出てきた。「金持ち」のイメージが強い港区と、「いろいろな人がいて総合的に平均点」のイメージがある杉並区を比較対象にすると、足立区のファミレス・ファストフード事情が鮮明に見えてくる。

まずファミレス。総店舗数が63軒と、港・杉並両区を圧倒しているのは、先に述べた通り足立区が「郊外型」だからだろうが、その構成にも大きな違いがみられる。

その象徴こそがガストだ。足立区には7店あるのに対して、港区はゼロ。杉並区でも2店。ガストと並ぶ安ファミレスの雄サイゼリヤが9店あるのもポイントが高い。他区との構成比率は明らかに違う。

取材のデータのみで断言するのはキケンだが、ガスト・サイゼリヤの両チェーンは22時～深夜1時でも大方5割程度席が埋まっていたが、デニーズやロイヤルホストなどの「一般的な」ファミレスにはほとんど客がいなかったことから も、やはり足立区では廉価店舗に人気が集まっているといえそうだ。

ちょっとお高い系の店がぜんぜん出店していない!!

ファストフードはさらに強烈だ。マクドナルドが50%前後のシェアを持っていることに加えて、足立区の性格を決定付けているのはウェンディーズや、フレッシュネスバーガーなど、ちょっとお値段高めのチェーン店の出店状況。なんと、これらのチェーンはモスバーガー以外皆無。これら「ちょっとお高い店」の足立区におけるシェアは、港区の約5分の1、杉並区の約3分の1と異様に低いのが特徴だ。

ファミレス・ファストフードの事情からの分析としては、足立区はやっぱりビンボーだ。金のかからないガストとマックのシェア獲得率がそれを物語っている。ロイホでステーキを食べることもないし、パチンコで勝っても安楽亭にすら行かない。みんなが行くならもっと出店数が多いはずだ。

一般に、低価格店は室温を高めに設定し、不快な気分を蔓延させて、客の回転率をあげようとするものだが、そんな姑息な手にひるむ足立区民ではない。足立区におけるガストとマックは、いわば自宅の中と同じ感覚なのかもしれない。だとすれば彼らが、グータラな姿勢をとっていても不思議ではないのだろう。そして、彼らの行動は24時間営業の店を宿代わりに使っている、ネットカフェ難民や、マクドナルド難民の生き様を先取りした、いわば未来人的志向なのかもしれない。そういうことにしておこう。

※　※　※

この状況はその後もあまり変化していない。というか、周りが「足立区化」してきた、というのが正確なところである。ガストを持つすかいらーく系列に注目すると、２０１６年現在、足立区のガストは18店舗に拡大。杉並区では８店舗（Ｓガスト含む）、港区でも8店舗に増加。一方、足立区のジョナサンは２００７年と変わらず5店。港区ではジョナサン8店から6店が減少してガストが増えているのだ。まあ、相変わらず夢庵とかは足立区にないんだけど。

深夜のマクドナルドの繁盛ぶりを示すのが、並んだママチャリの数。足立区の繁盛店の基準はママチャリだ

24時間営業店には、午前0時を回っても未成年の姿が。ドリンクすら注文しないのに店員も見て見ぬふり

ディスカウント店のラインナップが一味違う！

足立区は独立系ショップがメイン？

　足立区民の心をつかんで離さないのがディスカウントショップ。竹ノ塚駅前に、客が絶えない素敵なお店を発見した。店頭には、サッポロの有機ホワイトグレープ１００％ジュースが、２本で88円。日本製の缶ジュースでこんなに安いのは、見たことないよ。あ、おしるこは２本で98円だ。客寄せに店頭に置かれたこの激安品を手に取り、客は次々と店内に吸い込まれてゆく。なんて商売上手なディスカウントショップだ……？あれ？　よく見ると看板に「リサイクルル」の文字が。わ、ここはディスカウントショップじゃなくて、リサイクルショップだったんだ。もう、どっちかわからないけど、とにかく安いよ。

と、安いのは食い物だけじゃない。足立区民の大切な交通手段である自転車の値段はどうなんだ？　というわけで、自転車屋を探してみると、お、あちこちに自転車を売っている店を発見！　自転車屋じゃないけど。ディスカウントショップにスーパー、果ては薬局まで、安売りがモットーの店先には自転車が２、３台並べてあるのが当たり前、値段はどこでも９８００円。またまた、えー！安い、安いよと絶叫してしまう。残念ながら、メーカーは聞いたことのないような名前だけど。安いからいいや。じゃあ、底値の自転車は、どこにあるのか？安物といえば、ドン・キホーテ。そうだ、ドンキならばもっと安い自転車があるに違いない。というわけで、ドンキ竹の塚店へ。駐車場前に、バケツやゴミ箱が雑多に並べられて、熱帯雨林の雰囲気を醸し出しているドンキ。あ、※◎×（検閲削除）だ！　と思ったら日焼けしたヤンキー。かくて、並んだ自転車の値札を調べてみると、特売品６８００円の自転車をついに発見した。これが、足立区最安値。見たところ、９８００円の自転車と比べても、遜色ない。乗り心地は、まあ、大丈夫そうだ（乗ってないけど）。

大規模チェーン店が案外少ない足立区

こんなに安売り天国な足立区だけど、ダイソーなどの有名チェーンが少ない。あるのは昔ながらの泥臭い感じのディスカウントショップばかり。そんな横文字で呼ぶより、激安店とかバッタ屋なんて呼んだほうがピッタリな感じだ。いや、店頭にゴテゴテと値段を見せびらかしたり、過剰な装飾の目立つ昔ながらの「安かろう悪かろう」な雰囲気をバッタ屋と呼ばないのは、大工をカーペンターズと呼ぶようなものだ。

というわけで、足立区のディスカウントショップの数を調べてみたところ足立区は、独立系ショップ18店と、ご当地チェーン16店と圧倒的である。港区は独立系2店、チェーン系2店。杉並区は独立系12店、チェーン系5店である。

人口に差があるにもかかわらず、ものすごい数のディスカウントショップが足立区に乱立しているのだ。

どうだ？　足立区の人たちが、ビンボーといわれながらも、にこやかに暮らしているのは、この激安天国・バッタ屋天国だからこそというセリフが妄想でないことがよくわかっただろう。

リサイクルショップの看板を掲げた激安店では「わ！　安い、千葉から引っ越してきてよかった」と感激しているオバサンの姿も。

だが、残念なことに、それを素直に喜べない気もする。

たとえば自転車は、３〜40年前までは、サラリーマンの月収程度の値段がするものだった。それが、現在価格破壊されたことによって「自転車くらいならいいか」と、簡単に盗んでしまうモラルの崩壊をもたらしている。１００円ショップで手に入る日用品だってそうだ。安いからこそ、使い捨てと考えて大切にしなくなってしまうわけだ。

足立区民の特徴としてイメージされる「モラルの低さ」。もしかすると、このとんでもない安売り天国もまた、モラルの低下を助長しているのかもしれないぞ。これはさすがに言いすぎか……。ちなみに、この傾向は２０１０年代に入っても大して変化していない。

飲み物などの安売りは他の地域でも見かけるが、布団や調度品といった商品も妙に安いものが。デフレ大国足立区の実力は他を圧倒？

あらゆる商品が並ぶ竹ノ塚駅前のディスカウント店。100円ショップと銘打ちながらも、目玉商品は100円未満が中心だ

生活保護者の数が圧倒的に多い足立区！

他より一ケタ多いのはやりすぎじゃないの？

女性よりも、貧乏神に愛されるのが当たり前の足立区。生活保護受給者の数はうなぎ登り、平成18年の東京23区の生活保護受給者数14万４６９９人のうち、足立区は１万８７２４人で、比率は12・９％だ。じつに足立区の総人口、62万４５４４人のうち３％、１００人に３人が生活保護を受けていることになる。港区１・０１％、杉並区１・０４％といった総人口に対する保護率だから、足立区がいかに多いかがわかろうというもの。

しかも、多いだけじゃなくて、足立区は生活保護も貰いやすいし、物価も安くて生活が楽だヨ。と聞きつけた23区、それに埼玉や千葉のビンボー人たちが、続々と足立区に引っ越してきていると聞くから、数も増えるわけだ。

生活保護を貰っても働いていない

こうした、足立区の生活保護の状況をさらに暗澹たるものにしているのが、お金は貰うけど働いていない人たちだ。

生活保護を受けている世帯は、２００６年には1万２５９４世帯。うち、世帯主が日雇いでもアルバイトでもいいから、なにかしら働いている世帯は、たったの１５００世帯。ほか、世帯主以外の家族が働いている世帯は３８０世帯あるが合わせてもたったの１８８０世帯。残りの1万７０４世帯は、まったく働いておらず、現金収入は、役所から毎月振り込まれる生活保護だけ。

そのせいか、足立区の都営団地を歩いていても、ただ生活が貧しいのとは違って、どことなくどん底 の香りがする建物が多いのだ。

いかにも、貧しそうな茶髪のヤンママが、乳飲み子＋襟足を伸ばした3歳くらいのガキを連れて、真っ昼間からパチンコ屋に入ってゆくのとすれ違うたびに、振り返って、ただ見送るばかりです。ハイ。

ビンボー家庭実は少ない？

ところが、こんな具合の足立区にも、そんな絵に描いたようなビンボー人は例外だという意見も。

「去年、テレビとかで足立区はビンボー地獄って特集が多かったけど、みんな千住大橋を渡ればビンボー人が見られると思ってやってくるんだよ。でも、そんな絵に描いたようなヤツらなんて、同級生にも一人か、二人ぐらいしかいないヨ」（区役所に勤める地元民Ｂクン）

ここで、改めて足立区の生活保護実態を見比べてみると、被保護世帯数は、1万2594世帯なのに被保護人員は1万8724人。つまり、生活保護を貰っている世帯のほとんどは一人暮らしということ。さすがに、この数字を見ると足立区の面目躍如といったところか。でも、やっぱり足立区民は生活保護を貰いすぎだヨ。ここ3年の被保護人員の推移が次頁の表。

2006 生活保護者データ

足立区		
年度	受給者	増加率
2004 年	17286	--
2005 年	18108	104.80%
2006 年	18724	103.40%
全人口比	3.00%	
港区		
2004 年	1895	--
2005 年	1940	102.40%
2006 年	1882	97.00%
全人口比	1.01%	
杉並区		
2004 年	5002	--
2005 年	5250	105.00%
2006 年	5505	104.90%
全人口比	1.04%	

※全人口比は 2006 年数値

どこだって、生活保護を貰ってる人の数は増えてるけど…、元から多すぎだよ！　なんで桁がひとつ多いんだ？

※　※　※

この先「足立区はこんなに発展しました！」という話がたくさん出てくるのだが、さっそくそれを否定するような「足立区の生活保護事情は悪化している」数字をみなければならない。表に詳しく掲載しているが、２００６年から２０１５年にかけて、足立区の生活保護者数は40％弱も増加してしまったのだ。ただこれは、２００８年頃から発生した世界同時不況や東日本大震災の影響が大きく、別に足立区のせいではない。港区も約23％、杉並区では約42％増加している。おっと、増加率では杉並区の方が悪いではないか。

また、近年の動向では、他区に比べ、減少率では足立区が着実な進歩を見せている。足立区は２０１４年から減少傾向に転じているが、杉並区が減少傾向を見せたのが２０１５年から。港区は人数が少ないので単純な比較はできないが、足立区の優秀さが目立つ。景気回復の効果は庶民に及んでいないとよくいわれるが、これを見る分にはそう捨てたものではないといえるのではないか。

2015 生活保護者データ

足立区		
年度	受給者	増加率
2013 年	26295	101.06%
2014 年	26138	99.40%
2015 年	25858	98.93%
全人口比	3.74%	
港区		
2013 年	2345	102.76%
2014 年	2358	100.55%
2015 年	2314	98.13%
全人口比	1.05%	
杉並区		
2013 年	7639	102.54%
2014 年	7796	102.06%
2015 年	7814	100.23%
全人口比	1.39%	

※全人口比は 2015 年数値

足立区は自治体の会計もかなり苦しい？

金持ちがぜんぜんいない！

金持ちの指標になる長者番付収では、足立区の1万人あたりの長者番付登場者数は7・2人という数字がある。港区は165・6人、杉並区は23・3人だから「足立区には金持ちはいない」と言い切っても嘘ではないワケだ。確かに、街道沿いを走っている車を見ても、国産車ばかり。ゴルフ、アウディ、BMWといった外車を見かける数は少ない。

とはいうものの、金持ちの数だけでは足立区民も不本意というもの。そこで、所得金額で調べてみると、足立区の納税義務者26万3185人中、もっとも多いのは121万円以上200万円以下で6万1367人だ。港区では納税義務者数10万1677人のうち、100万円以上、200万円以下は2万988人。杉並区は、25万5391人のうち、120万円以上、200万円以下が5万206人となっている。

いや、まいった、まいった。いくらなんでも、貧困ラインの年収200万円以下もトップを独走だなんて。

経済的格差からの脱出は、やっぱり学歴……。てなことも論議されているけど、こんなんじゃ足立区民が勉強をする余裕なんか、ありゃせんじゃんか！

こんなビンボー人ばっかり抱え込んでいる、足立区。行政サービスの基本となる区民税も火の車だ。

区民税の納税額は平均の約半分！

平成17年の23区の区民税は、平均一人あたりの負担は12万4611円となっているが、足立区の一人あたり平均は5万3398円と、半分以下だ。

ちなみに港区は29万1844円。杉並区は10万7857円だ。

税金の滞納率を見ると12・1％で23区中第2位の単に払っていない人間もムチャクチャ多いのだ。

足立区では、区民税も国民健康保険と同じく、口座振替が利用できるのだが、その利用率は、30・1％。この統計もわざわざ、公開しているのは、足立区だけ。よほど踏み倒しが多くて頭に来ているに違いない（かなり強引な想像で）。そのためかしらないが、足立区では区民税滞納者に対する処理状況も公開している。これによれば、17年に足立区に差し押さえを受けた人は1243人。しかも16年の655人から比べると倍近い数字になっている。足立区役所が、かなり気合いを入れて、区民税の取り立てを行っていることは想像に難くない。

※　※　※

税収や所得のデータは様々な見方ができるので、どう変化をしたのかを簡単に説明することは難しい。とりあえず数字の変化をみてみよう。

まず「お金持ちの比率は増えたのか」という点では、悲しい結果となっている。なんと7％から4％への大減少だ。ここでも「全体も下がっているし……」といいたいところだし、他も下がってはいるのだが、港区が31％から26％、杉並区が13%から11%への減少なのに、足立区は半減なのだ。ただ、他のデータをみるとちょっと様子が変わってくる。一人当たりの納税額は、まあ相変わらず足立区はビリなのだが、ちょっとだけ上がっているのだ。港区はかなり下がり、杉並区も減少具合なのに比べ、これは際立っている。また、人口が増えているので、区民税の総額では、3区ともかなり増えている。これらを総合して考えると、つまりお金持ちはよりお金持ちになり、全体としては(元々お金持ちだった人の一部も加えて)ビンボー化が進んでいるということ。要するに貧富の差が広がっている、と予測できるデータとなっているわけだ。

その中で、富裕層が激減して、それでいて一人当たりの平均税収に総額まで増えている足立区は、つまり「超大金持ち」な足立区民が増えているか、「全体的に微増している」かどちらかということだ。ということで年収300～700万円の「ミドル」あたりをみると39・5%から39・1%への微減……。700～1000万円エリアもほぼ横ばい。やっぱりこれは結構な富裕層が足立区に出現した、と考える方が正解とみるべきではないだろうか。足立区にもセレブ地帯とかできちゃうのかなあ。

数字で見る足立・港・杉並区のフトコロ具合（2007）

年収1000万円以上世帯数		
	世帯	割合
足立区	17,610	7%
港区	28,910	31%
杉並区	31,810	13%

平成15年住宅・土地統計調査結果（総務省統計局）

税金の滞納率		
	%	順位
足立区	12.1	2
港区	7.7	19
杉並区	6.6	22

東京都総務局調べ（2004）

住民一人あたり区税負担額		
	金額（円）	順位
足立区	53,398	23
港区	291,844	2
杉並区	107,857	9

2006特別区歳入歳出予算状況（東京都区政課政策経営部財政課）

特別区税収入額		
	金額（百万円）	順位
足立区	34,562	9
港区	57,497	3
杉並区	55,002	4

2006特別区歳入歳出予算状況（東京都区政課政策経営部財政課）

数字で見る足立・港・杉並区のフトコロ具合（2016）

年収 1000 万円以上世帯数		
	世帯	割合
足立区	14,020	4%
港区	26,310	26%
杉並区	29,660	11%

平成 25 年住宅・土地統計調査結果（総務省統計局）

税金の滞納率		
	%	順位
足立区	10.0	1
港区	6.1	10
杉並区	4.4	19

東京都総務局調べ（2014）

住民一人あたり区税負担額		
	金額（円）	順位
足立区	56,019	23
港区	259,832	1
杉並区	101,698	10

2013 東京都税務統計年報

特別区税収入額		
	金額（百万円）	順位
足立区	49,778	7
港区	77,398	2
杉並区	63,445	5

2006 特別区歳入歳出予算状況（東京都区政課政策経営部財政課）

足立区民は健康保険の加入者数が妙に少ない！

滞納→無保険の流れが存在する

２００６年時点で、国民健康保険料を滞納した世帯は、全国で480万5000世帯。中でも人口比で滞納率が高いのは都市部。厚生労働省は「若い世代には、お互いに助け合う感覚がないから、納付意識が低い」とおかんむりだけど、果たしてどうだろうか。

行政が滞納率を発表している！

ビンボーな足立区では、国民健康保険を滞納して、無保険になった世帯も少なくない。この、光景を見ていると、世の中金がすべてではないが、生きるにしても金がなければ、ままならないということだ。

足立区で、国民健康保険に加入する世帯数は、150万5993世帯で全体の52・4%だ。港区は、38・2%にあたる4万2259世帯が加入。杉並区では加入世帯は132万1110世帯で45・5%。3区とも加入世帯数は、ほぼ横並びだが、問題は払ってくれなきゃ困るんだよな、ということ。

区民の意識改革をうながしたいのか、足立区だけは、国民健康保険の滞納率を17・78%と公表している。かくのごとく、100人のうち18人は、保険料をまじめに払う気ナシ。

足立区役所では、ちゃんと払ってくれるようにと、口座振替はもちろん、平成15年からはコンビニで支払うことができるサービスを始めているんだよね。そこまで、サービスが行き届いているのに、ちゃんと保険料も払えないなんて、並大抵の感覚じゃない。ほんとは、ちゃんと払う気なんて、さらさらないのではないか。

足立区で、保険料の支払いに口座振替を利用している世帯は6万6494世帯。全体の42・６％である。

金は払わずとも病院はフル活用

じゃあ、足立区民は病院を使わないかといえば、そんなことはない。17年度の区内の総受診件数は、３３５万３７８１件、一人あたり受診件数は13・７６回となる。うち、自己負担分を除いて、国民健康保険から給付された金額を区民全体で割ると24万１９４４円となる。

港区の総受診件数、68万６０１７件、一人あたりの給付は20万８００７円である。港区とは４万円もの差があるのだ。

これを見ると、金を払ってもないくせに国民の権利とばかりに、なにかと病院を利用している区民が、足立区にはひしめいているなどと思ってしまうのである。

※　※　※

ぱっと見では解りづらいが、実は大きな変化がみられた税収データだったが、今度は相も変わらず悪いまんま、というかさらに悪化しているのがこの保険関係である。が、慰めもある。

とりあえずビンボー具合を如実にあらわしていそうな保険料の収納率。2005年時点で82・82%と23区内でビリから2番目（ビリは新宿区）だったのだが、なんと2014年には81・05%でビリへ転落。それも不良の代名詞だった新宿区に2%近くも離されてしまったのだ。生活保護者の増加からもわかるように、元々ビンボー傾向が強かった足立区は、やはり厳しい状況におかれている人が多い、というか増加してしまったようだ。

これにかんしてはどうにもフォローの仕様がないが、生活保護の項目では大きな回復傾向がみられていることもあるし、こっちも底を打ったと信じたい。で、じゃあこれから競り合うべき（かつて足立区の定位置だった）ブービー賞はというと、これがなんと港区。ビリから3番目は渋谷区と、都内有数のセレブ地域ばかりなのだ。大金持ちも増えたし、上昇傾向もある足立区は、港、渋谷を超える存在となる日も近いのだ！　国保だけの話だけどね。

足立区は23区でもまれな下水普及率が100％じゃない地域！

余所の下水処理は引き受けているんだが……

おそらく、東京に住んでいてくみ取り式トイレに出会うことなどないと断言しても、誰もが納得するのではないだろうか。

なにしろ、東京23区の下水道処理人口普及率を見てみると、港区１００％、杉並区１００％、大田区１００％……ん、足立区だけ99％ではないか！

いやいや、別にかまわないよ。日本全国の下水道普及率は、平成14年度の国土交通省調査で65・２％。全国で下水道のある快適ライフを過ごしている国民は、およそ８２５７万人しかいないのだから。

と、足立区を擁護してみた。けど、やっぱり大都会・東京でねえ……。

「え！　下水がない街なんて東京にあるの？　マジ？」

と、杉並区民の声も聞こえてくる。

ここは、足立区の汚名をそそぐべく、残り1パーセントの原因を探らなければなるまい。

下水処理施設はたくさんあるのだが

さて、99％の屈辱にあえぐ足立区の悲惨な状況。だが、それ以上に厳しい現実がある。なんと、下水処理場は区内に2カ所もあるのだ。東には宮城水再生センター、西に中川水再生センターと区の東と西の端に巨大な下水処理施設が稼働している。つまり、周辺の都市からも、どしどしと糞尿混じりの下水を送り込まれている。にもかかわらず、自分のトコには下水が十分には行き届いていないのだ。これを悲惨の一言で片づけるのは悲しすぎる…。

ナニが原因で配備が遅れているのか……

この事実を知った足立区民には激怒する人もいるだろう。「なんで、自分たちのところは、たった１％のために恥を欠いているのに、他所の汚物まで受け入れなければならないのだ！」という感じに。だが、足立区民にはキレるより先に、事実に目を向けて欲しい。

東京23区の現在くみ取り便所総数は、現在３０８３カ所。そのうち、足立区内のくみ取り便所は１０５７カ所で、足立区は23区のくみ取り便所の35％が集中する一大くみ取りワンダーランドだったのである。うむ、昭和の香りが漂ってきたぞ。

このくみ取り便所数、港区では1カ所、杉並区では68カ所である。また、千代田区のようにゼロの区も当然ある。

おまけに、生活保護受給者数では足立区に次ぐ2位にランクインする台東区でもくみ取り便所はゼロ。同じビンボーかと思っていたら、ここまでに差をつけられてしまっているのだ。生まれた因果を嘆くしかないのか、足立区民！

下水事情で足立区が抜きんでているのは、くみ取りトイレの数だけではない。２００３年の統計によると、足立区がし尿処理に使った費用の中に、車両購入費１１００万円なる欄が。ここ数年で、車両を購入したのも、23区中足立区だけである。しかも、し尿処理にかかる費用は、総額２億２４００万円で、２位の板橋区を大きく引き離して、トップを独走しているのだ。

つくばエクスプレス開通以降、ハイブロウに脱皮しつつあることを強調する足立区だが、くみ取り便所が集中しているのには、区民もイヤ気がさしているに違いない。

そうなると、必然的に下水道整備を進めなきゃならぬと思うのだが、行政にもその気配はいっこうにナシ。足立区が、あと１％を克服するのは、いったいいつの日なのか？

※　※　※

２０１２年、ようやく99・５％以上を達成し、ようやく１００％認定！　ビリから２番目の江戸川区に遅れること13年。長かった……。

かつて水運で栄えた河畔には、こうした工場が現在も数多く残る

綾瀬川をまたいで川口市へと続く謎の配管。両隣の住宅に住んでいる人はどんな目でこれをみているのだろうか

銭湯が23区で2番目に多く残っている

風呂無しアパートがまだまだあるってこと？

さて、これまで「ビンボー足立区」を象徴する事象を様々な観点から見てきたが、最後にもうひとつ。ビンボーの象徴といえば、「風呂ナシ・トイレ共同」アパートだ。当然、風呂ナシアパート住まいの人は、近場の銭湯で風呂に入る。「神田川」ですな。

だが、かぐや姫が「神田川」を発表した昭和48（1973）年には東京都に2500軒ほどあった銭湯は、平成17（2005）年には1000軒あまりにまで数を減らしている。「銭湯＝ビンボー」などという図式は、文字通り前世紀の遺物なのである。

なのであるのだが、足立区をウロウロしていると、昔ながらの銭湯の煙突がちらほらと見つかる。現在、足立区内には65軒の銭湯があるという。これは、大田区に次いで都内二位の数だ。うーむ。足立区は風呂ナシ率が未だ高いのであろうか！

足立区の銭湯のうち、もっとも密度が高いのは千住地域で14軒が集中する。それ以外の集中地帯は、綾瀬・竹の塚・梅島等々、昔からの町並みが根強く残っている地域といった感じ。銭湯を訪れる客層の中心は、高齢層。昔ながらの「銭湯コミュニティ」への参加が銭湯へ足を運ぶ最大の目的で、必ずしも風呂ナシ率とは直接関係しないのがミソ。

銭湯の数はビンボーの基準ではない？

これに対して、高度成長期以降に建設された団地が多い、鹿浜・舎人・花畑といった地域には、なぜか銭湯がほとんど見あたらない。さらにいえば、舎人を中心に区北西部は皆無である。

足立区には最盛期158軒もの銭湯があったそうだが、その理由というのは高度成長期に風呂なし団地が、ボコボコ建設されたからだそうだ。にもかかわらず、古くからの銭湯は残っていて、新興団地（というには古すぎるが）一帯の銭湯が壊滅状態なのである。

というわけで、かつては一大ビンボー地帯だったといわれる鹿浜団地を訪ねてみる。現在の団地はそろってピカピカ。公園も整備されており、外周を囲う高速道路さえなければ、とっても住みやすそう（ホント、これさえなければ川沿いのいい土地になるよ。きっとね）。

一口に足立区といっても、旧来のコミュニティに重きを置くオールド足立区民と、個人主義的なニュー足立区民の温度差が垣間見える銭湯への態度。いまや銭湯が多いことは、必ずしもビンボーとは直結しない。

むしろ、毎日銭湯代500円を払える住民はブルジョアかも？

※　※　※

という感じだったのだが、2006年ごろより激減し2013年には46件に。マンション建設ラッシュの影響のひとつといえるかもしれない。

東京都内の銭湯の数の推移

	2005	2013
都内総数	1,025	706
区部計	931	645
大田	78	49
足立	65	46
江戸川	64	48
葛飾	60	43
板橋	55	40
世田谷	52	39
北	52	35
墨田	48	30
荒川	46	31
杉並	44	24
台東	43	30
豊島	43	30
品川	41	30
練馬	41	29
江東	38	28
中野	38	24
新宿	34	28
目黒	24	18
渋谷	21	14
文京	18	11
中央	12	10
港区	9	6
千代田	5	5

2013年（12月末日現在）
東京都生活文化局「東京都公衆浴場基礎資料」

やっぱり足立区はビンボーだった！

イメージは案外正確だった

さて、軽い気持ちで「安いファミレスばっかだなあ」とか、「100円ショップが多いなあ」などというところから調べてみたが、案外、というかかなりディープに「足立区はビンボーである」という話になってしまった。

なんといっても、生活保護者の数だの、23区内の汲み取り残存数の35％を占めるなどというのは強烈だ。

区の財政状況をみても、足立区が「儲かっていない」地域であることがわかる。平成17年度の歳入は、足立区が2283億5100万円、港区が1296億4000万円、杉並区が1387億800万円と非常に多いのだが、その分歳出も多く、実質収支では足立区が約47億円、港区が約１００億円、杉並区が約60億円と大きく差がついている。地方債の現在高に至っては、港区が約１９１億円、杉並区が約５７９億円なのに対し、足立区はなんと約１１６７億円と、ケタがひとつ違うのだ。地方公共団体の財政力を示す指数として使われる「財政力指数」では、足立区が０・３２、港区が１・１３、杉並区が０・６７となっており、港区の３分の１、杉並区の２分の１程度の力しかないという評価になってしまうのである。

これ以外にも、多くの「足立区＝ビンボー」を証明するデータは数多く存在するのだが、あんまりマイナスの話ばかりしても暗くなるので、この程度でやめておこう。

つまり、足立区は本当にビンボーなのだ。

なぜ足立区だけこうなっちゃったのよ

しかし、なぜこれほどまでに足立区はビンボーなのだろうか。

足立区出身の有名人といえば北野武（ビートたけし）がいのいちばんに挙げられるだろうが、彼の子供時代を描いた著書「たけしくん、ハイ！」にも、ビンボー人が住む場所である足立区、が描かれている。しかし、「たけしくん、ハイ！」の時代は別に足立区だけではなく、日本中がビンボーだった。日本はそこから長足の進歩を遂げたわけだが、東京23区の中で、足立区だけはその進歩の歩みがかなりゆっくりであったのはなぜだろうか。

その答えのひとつが、足立区を構成する人間がおかれている状況にあるのではないか。

次章では、「足立区民と教育」の観点から、考察を進めていくことにする。

団地内商店街も営業しているのは２店舗ほど。中華料理店だけは、繁盛しているのか改装直後だった

ガランとした日中の自転車置き場。混雑が嫌われるのか通勤通学にはバスよりも自転車の利用率が高いようだ

新区民VS旧区民　ラウンド1　家族構成対決

大家族VS核家族？分かりやすすぎる構図

コラムコーナーでは、近年人口が大増加中の足立区に起こっている（起こっていないかもしれない）古くから住んでいる足立区民と、最近できたマンションにやってきた新住民の対立をシリーズでみていこう。

人が家庭を築く時、そこには様々な条件が存在する。いくら子供を一杯つくって、テレビに出てくるみたいな「大家族バンザイ」を夢みたって、6畳一間の1K安アパートでは無理。経済力を始め、様々な条件を満たして初めて「大家族」とか「多世代同居」が可能になる。

その点で、圧倒的に有利なのが旧区民である。中でも江戸時代から定住しているようなネイティブ・アダチアンは未だに自分の土地を確保していたりするから余裕である。

もはや常識だが、東京23区内では土地所有者というだけでグレードが高い。別に青山の一等地である必要はない。もちろんその方がいいことはいいが、所有地がたとえ足立区の外れにある猫の額ほどの狭小土地でも「23区内で自分の土地に住んでいる」という事実は、かなりのアドバンテージなのだ。

そもそも築50年のガタのきた古家に住んでいたって家賃はゼロ。これは賃貸住まいの世帯に比べると少なくとも年収で100万円上積みできる額だ。場合によっては200万円だ。10年で一千万円以上の収入格差が生まれると言ってもいい。

しかも昔の家は、貧乏な小商店は別として、今の住宅より広いのが普通。畳だって団地サイズじゃない広い畳だ。間取りもゆったりしている。こうなると、子供も家を離れたがらない。必然的に親子二世代、孫ができれば三世代同居が当たり前になる。

足立区でも中心部からやや離れた地域に行くと、じいちゃんばあちゃんが孫の守をしている光景を当たり前に見ることができる。もちろん、若夫婦が子連れでたまたま実家に帰ってきたということもあるのだろうが、盆暮れではなく普通の日曜日でもそうなのだから同居または至近に二世代以上が居住する例が多いと見るべきだろう。

戦後の農地改革でようやく土地持ちになれましたという零細農家でも今となっては余裕。農業を営み続けていれば最低限の食は確保できるし、それなりの広さの一戸建て、場合によっては離れ付きの、現代としてはむしろ贅沢な住空間を所有している。それ以上に有利なのが、農地改革でも農地以外の土地を持っていた旧地主階級である。

そもそも住んでる家が広い。土地を切り売りしたり、賃貸マンションやアパートという収入源があったりなど、余裕があるため増改築もやりやすいし、余裕次第では豪邸住まいの優雅な生活も可能。二世代同居どころか三世代同居、おまけに未婚の叔父叔母がそのまんま同居しているケースもある。

当然ながら、こうした旧区民の家族観は保守的で、本家と分家、家の継承が重要なテーマとなる。この感覚は地方の土地持ちとほとんど同じだ。休日など、家長である祖父や父親が、妻、子供（孫）などを引き連れてファミレスなどに食事に行く光景を見ることもできる。

とはいえ、戦前じゃあるまいし、典型的な大家族は実のところ稀少。実際には分家分家を繰り返しているだろうし、同じ敷地内に住んでいても「スープの冷めない距離」の別世帯になっていることも多い。

それを考えに入れたとしても地主は今も昔も、家族構成の自由度という意味でも特権階級なのである。

旧区民にも格差あり　団地住まいの家族

旧区民の中でも、戦後に流入してきた団地族。つまり都営アパート、公団住宅住まいの第一世代はすでに年金受給世代。

例えば１９６４年にできた花畑団地に20代で入居した人も現在では70代。花畑団地生まれの第一陣も40代半ば。その子供の世代は20歳前後で、第一世代からみればひ孫もそろそろという感じだ。これが大きい一戸建てならば四世代同居も可能だが、団地は団地。基本的に夫婦＋子供二人くらいの核家族向けの設計なのだ。

必然的に子供は就職、結婚を機に独立する。従って古い団地は老夫婦世帯や独居世帯が増える傾向にある。ただ、団地によっては日暮里・舎人ライナーやつくばエクスプレスの開通などに伴って利便性が向上し、新区民が団地に入居したり、団地の「実家」に若い世代が戻ったり、元々、住民票がそのままにしてあったりするケースもあって「古い団地はジジババばかりでスラム化」という単純な構図では語れないだろう。

しかし、一戸あたりの住居面積自体は広げようがない。最初から無理なのである。そのため核家族的な家庭構成は変えようがない。せいぜい祖父母のどちらかと子供夫婦と孫一人の計四人が限界に近い。

これは第一世代がモーレツ・サラリーマンとして働いて、分譲マンションを手に入れて、団地から脱出していた場合でもほとんど変わらない構図だ。

※　※　※

そんな花畑団地も、老朽化による再開発が進行中。文教大学のキャンパスも移転してくる予定になっており、このうらぶれ感も間もなく消滅する。

オシャレで気楽？　新区民の家族構成

最近の再開発や、リーズナブルな地代家賃（分譲・賃貸とも）に惹かれて新築マンションに越してきた新区民も中身は色々だ。結婚を機に家庭を構えた若夫婦もいれば、ある程度の蓄えのあるリタイア組も、住環境を良くしようと移住する働きざかりの世代もいる。

ただ、どんなオシャレで便利ハイテク・マンションでも集合住宅。団地族同様、核家族向けの住宅に住むことになる。家族構成はリタイア組なら夫婦二人、若夫婦なら二人か子供が一人から二人。老夫婦と子供という構成は少ない。

一番多いのはやはり若夫婦を中核とした家族構成である。子供なしならば昼間は夫婦ともに都心で働く共稼ぎで、経済的にも余力がある。面白いことに最近のマンションはペット可のところが増加しているせいか、若夫婦＋小型愛玩犬という「種を超えた家族」が目立つ。というか、夕方とか日曜日に新区民の多い地域を歩くと、ちっこい犬を連れた若い男女とよくでくわすのである。

さらに、若夫婦に子供がいる場合、子供にお金をつぎ込むのか、妙に着飾った子供連れが多かったりもする。ペットかよ！　と思うのは一種のひがみではあるが、余裕あるよなあと感じてしまうのだ。

しかし、その余裕も核家族住宅という限定された空間の中での「せめてもの」余裕である。それを考えると一抹の寂しさをも感じてしまうわけだし、この若夫婦が歳を取れば、子供は独立するだろうし、オシャレなマンションも老朽化する。

新区民の新築マンション族から見れば、旧区民の団地族は貧乏臭く映るかもしれないが、実質的にはなんも変わっていなかったりもするのである。そんなわけで対立したってあんあり意味はない。

第2章
足立区住民は ヤンキーばかりなのか？

出生率が高い！　出産年齢が低い！＝元ヤンが多い？

足立区をバカにするのもいい加減にしなさいよ

足立区にはラブホテルが多い。

集中地帯は、入谷・舎人周辺と、加賀・綾瀬周辺。もちろんそれ以外にも、街道沿いから駅前まで区内で全28軒。これならヤリたい時には選びたい放題である。港区は6軒、杉並区は7軒だから、大規模ラブホテル街が存在する新宿・渋谷・台東（鶯谷）・豊島（池袋）をのぞけば、その数は圧倒的である。

なによりも足立区の設備の充実っぷりは見るべきものがある。全28軒のうち19軒は、ルーム内にカラオケが完備されている。また、持ち込み用の冷蔵庫や、電子レンジを完備しているホテルも多い。

ここが、新宿とか繁華街のホテルとは違うところ。酔った勢いに任せて女の子を連れ込み、まんま「連れ込み宿」の繁華街にあるラブホと違い、足立区では休日の日中に訪れてまったりと楽しむ空間として認識されているのである。

「設備の充実したところは、すごいよ。お風呂が広いのは当たり前で、サウナ付きとか、ビリヤード台ありとか…。足立区のラブホを使ってると、新宿や渋谷のラブホは、なんだこりゃと感じますね」

と、話すのは足立区在住のAさん。なるほど、やっぱり足立区のラブホは高級趣向なんだなあと、思っていたら、竹ノ塚駅近くにあったラブホはあまりのビンボーくささに「ここまで、ディスカウントかよ」と思わせる、迫力であった。

看板に書かれた文字は、

ショートタイム　2時間
平日3500円
金土日祝前日3800円

なお、安さがウリのラブホなので、カラオケ等の設備はなし。

どうやら、足立区のラブホは、安いけど設備はお風呂とベッドだけのショート系VSちょっとお値段ははるけど設備も充実のまったり系に分類されるらしい。

これを、その日のヤリたい気分によって上手に使いわけるのが、賢い足立区民の暮らし方とでも、いうべきか。

ステレオタイプなイメージはかなりの部分ウソだった!

ここで、ふと思ったのが非足立区の都民たちが、口を揃える足立区のネガティブなイメージ、

「足立区は、みんな子供をポコポコ産んで、おまけに結婚年齢も低い」

というヤツである。

やっぱり、このラブホテルのアンビバレンツな充実っぷり（高級でまったりできるレジャーランドOR学生でも使えるリーズナブル）は、足立区の結婚年

齢低下に、一役かっているのではないだろうか。と、思ったら「はあ？　いくら足立区でもそこまでひどくねーよ」という声が。

念のため、様々な学校関係者のデーターを集めてみたのだけれど、ステレオタイプなイメージである「ヤンキーで、高校中退して、できちゃった結婚」なんて、実例は見つからなかった。

たしかに、母親になるにしては若い女の子が、子供を連れて歩いていたりするんだけど、足立区は結婚年齢が低いというデーターは、いっさい調査されていないのが現状だ。

しいていえば、東京都全体の結婚年齢についてのデーターはあるのだが、これによれば年々、東京人は晩婚化しているんだとか。

まあ、全体の結婚年齢が高くなったので、昔ながらに20代前半で結婚、出産を経験する足立区が、逆に特異に見られるということではなかろうか？

「子だくさん」は本当だった！

さて、もうひとつは「足立区は子だくさん」というイメージについての回答である。

これは、実に正しいし、確乎としたデータが存在している。少子化が叫ばれる指標となるのが、合計特殊出生率。平成17年の統計では、日本の全国平均は、1・26で、東京都全体では、1・00であった。

では、足立区のデータを見てみると1・17で江戸川区の1・26についで第2位である。

これを港・杉並区と比較してみると、圧倒的。港区は0・79、杉並区は0・71しかないわけだから、その差は歴然である。

近年、少子化対策が国家の政策課題として取り上げられている。そう考えると、せっせと子づくりに励んでくれている、足立区は英雄扱いしてもよいのではないかと思えてくる。

それにしても、これはいったいどういうことか。考えるまでもなく、その理由をハッキリさせるために、また先ほどの合計特殊出生率を、例にしてみよう。

東京都での順位のうち、ベスト5までは島嶼部である。

東京都の第一位は、新島村の2・22、第二位は、八丈町の2・2。以下、青ヶ島村、大島町、小笠原村と続く。

こういう結果をみていると、なんだな……。ちょっと言いにくいんだけど……やっぱり、ほかにヤルことがないから、じゃないかと勘ぐってしまうのである。

もちろん、そんなことはないと信じたい。足立区の名誉のためにも。

そう、きっと住みやすさがあるに違いない。

平成18年1月時点の調査によれば、足立区の人口62万4365人のうち約2割にあたる18・8％は、居住年数4年以下なのである。

なんで、この数字を出したかというと、調査の途上に見つけた、ある不動産屋の分譲マンションの案内である。そこに曰く「足立区は、地域コミュニティも万全で、公園も多くベッドタウンとして発展が見込まれる地域です」。

つまり、足立区の新住民として流入してきているのは、中年・老年よりも、むしろ子供が生まれたから、いよいよマンションでも買おうかとか、思っているような若い世代なのである。まあ、これから家庭を築こうかという世代が流入してくるのだから、出生率が跳ね上がるのもしかり。

「いや、それでも、きっとヤルことがないからに違いない」と、食い下がる人もいるだろう。

これも、また真実である。

若い世代の流入と、娯楽の少なさが複合的に「足立区は出生率が高い」＝「子だくさん」というイメージを高めているようだ。

で、実際子だくさんが、そんなに多いのかといえば、実はこちらもそうでもないのだ。

こちらも平成18年1月のデータを元にするが、1世帯あたりの、平均人員は2・21人である。他区のデータは公開されていないが、多分そんなに変わらない。

世帯数のうちもっとも多いのは、1人暮らし世帯で10万9234人。ついで、多いのは2人暮らし世帯で7万3824人。ついで3人暮らし世帯

4万7979人と続く。5人以上の大家族は1万4428世帯にすぎない。

さらに、世帯主の年齢を段階別にわけたデータを見ても、常に最多は一人暮らしの世帯である。

つまり、足立区は子だくさんで、結婚年齢も早いどころか、常に独身男女があふれかえっているのだ。

ファッションセンスが誤解の元凶だった？

これが現実であるのに、足立区にステレオタイプなイメージができるのは、その独特のセンスが原因じゃあないだろうか。

足立区の、特にファッションセンスの特徴は、年齢を重ねても変化がほとんど見られないことである。

20歳になっても、30歳になっても、常に外出時はジャージだし、自転車はママチャリ。ある意味、頑固で保守的である。この要因は、予想以上に大きい気がしないでもない。

ラブホテル数の比較

区名	ラブホテル数		対人口比	
	2005	2016	2005	2016
港区	6軒	7軒	30977人に1軒	31725人に1軒
杉並区	7軒	8軒	75512人に1軒	70462人に1軒
足立区	28軒	25軒	22315人に1軒	27785人に1軒

2016年1月1日現在（独自調査）

ただ、最後にひとつ付け加えておくと、元ヤンキーで、16歳くらいでできちゃった結婚をして、子供が3人とかいう家庭は、実際に存在する。ただ、両手で数えられるほどなんだけどね。

※　※　※

足立区のヤンキー文化は死滅しつつある！　いきなり何をいいやがるという感じだが、２０１０年代に入ってからのデータがそれを物語っている。まず、合成特殊出生率は１・３７にアップしているが、なんと港区が１・３９。負けである。親の世代も以前は少なかった40代が増え、「早婚の足立」の姿はもうない。ラブホの減少も足立区だけだ。まあラブホは相変わらず多いわけで、区内のヤンキーが困ることはないだろうが、ちょっと寂しい話かもしれない。

時刻は深夜２時。明らかに未成年とおぼしき集団を発見。どうみても、高校には行ってない感じが漂うが…

深夜のマックで、我が物顔で会話する若者。会話している間も、決して携帯電話を手放そうとはしなかった

大学がない！　大学生もいない！
縁がない？

念願の「足立区の大学」がついに開校した！

足立区が長年悩んでいた、教育レベルの低さ。その一つを象徴していたのが、東京23区で唯一、区内に大学施設が存在しないことだった。

ところが、ここ数年足立区の教育関係施設は急速に充実し始めている。

そのひとつが、２００７年4月、足立区に初の大学として「東京未来大学」が開学したことである。

これは、非常にめでたいことである。そこで、この大学について、少々解説してみる。

この大学が、あるのは東武線、堀切駅前の千住曙町。以前、ＴＶドラマ「金八先生」の「桜中学」ロケ地として使われていた、区立第二中学跡地を利用して開学したものである。

足立区がこの土地を譲渡するにあたり、契約した内容は土地の賃貸料が月額50万円。建物については、無償譲渡という形である（テレビに登場していた通り、かなり古い建物なので補修は必要。実際、かなり補修・新築されている）。

これだけ聞いても、足立区の必死さが伝わってくるだろう。というわけで、4月にはじめての学生が入学した、この大学に行ってみた。

食堂が全品500円以下というのがうれしい。

もし、もうちょい市街地に近かったら、学外者の利用が増えるのではないだろうか。

さらに、足立区には大学がもうひとつ。北千住に設置された、東京芸術大学北千住キャンパスである。

ここには、大学院音楽研究科音楽文化学専攻の一部と、音楽学部音楽環境創造科が設置されている。こちらは、先述の未来大学に比べると、あんまり大学っぽくない施設（というか作業場）ではあるものの、足立区民にとっては、大切な大学だ。

隣接する、区の施設「あだち産業芸術プラザ」の中に設置された「黒澤明シネマシティ」は、巨匠・黒澤監督の作品や往年の名画を上映するシアターとスタジオ、さらに500人あまりの生徒を受け入れる映画技術を学ぶ「シネマカレッジ」を設置して北千住一帯を、一大文化創造地帯とする予定である。ただ、現状はあくまで、予定。ハコモノはできあがっているのだが、今後、これらの施設が有効活用されるか否かは、まだ不透明である。

そもそも、足立区でも既に、発展を遂げている北千住一帯に、これだけ施設を集中させて、川の向こう側の地域はどうすればいいものやら。

このように、大学の誘致に奔走した足立区。初の大学が、できた時には区役所のエライ人が「足立区に放送大学に続いて、新たな大学が…」と、挨拶していたくらいだから、「ウンウン、そんなに大学が欲しかったんだねぇ」と慰めたくなってくる。まあ、そうはいっても、足立区内に大学と関わっている人がどのくらいいるものやら、はなはだ疑問だ。

すでに、多くの大学を抱えている区には、この足立区の喜びようは、理解できないのかもしれないが…。

では、足立区の大学進学率はどうかというと平成18年度の統計では、34・2％で、23区中23位である。（東京都平均は59・0％）港区は71・5％、杉並区71・0％だから、落差は大きい。

平成16年に発表された足立区基本構想では「64万人もの区民を擁する足立区に、大学・短大などの高等教育・研究機関がないという点でも、区民の学習環境の不十分さが指摘される」と、している。

今年、初の大学が開学されたことで、足立区の環境は変わっていくかもしれないが、それにはまだ遠大な時間がかかるようだ。

対策はとっているがまだまだズレが……

とはいえ、いくら大学進学率の低い足立区とはいっても、100人に34人は大学に進学しているわけだ。では、そうした人たちはどういった大学へ進学しているのか。足立区のいくつかの高校をサンプルにして、どんな大学へ合格しているのかを調査してみた。

まずは、ビートたけしの出身校と知られる「東京都立足立高等学校」。2005年度の卒業生の進学先でで、もっとも数が多いのは獨協大学6名。ついで東洋大学5名。二松学舎大学5名と続く。また、学習院大学にも1名が進学しているわけだから、高校としてはそれなりに優秀な部類に入るといえるだろう。

また、この高校の特徴として、足立区から、そんなに離れていない大学を選んでいる生徒が多いということがある。先に挙げた、獨協大学・東洋大学はその好例といえる。さらに、江戸川大学には4名、大東文化大学にも3名が進学している。どうやら学校を選ぶ基準に、家から近いこと、という条件が絶対的な、「地元バンザイ足立区民」を想像してしまう。

さて、もう一つのサンプルとして伊集院光の出身校である「東京都立足立新田高等学校」を例に挙げてみよう。こちらは、ちょっと変わった高校である。かつては入試で定員割れが相次ぎ、一時は中退率が5割を超える都内でも有数の底辺校として知られていたが、1997年に校長に就任した鈴木高弘氏によって、その状況はガラリと変化したという。

同氏の著書である『熱血！ジャージ校長奮闘記』によれば、赴任当初は、廊下には菓子パンの袋などゴミが散乱し、壁は落書きだらけ、天井は穴だらけ。校長室にいると、階上から生徒が投げ捨てる空缶の落ちる音が絶え間なく聞こえる悲惨な状況だったが、5年の間に、そういった行為はいっさい見られなくなったという（というわけで、実際学校の周りをうろついてみたところ、近くのコンビニでウンコ座りをして、ダベッている生徒グループに出くわした。どうやら、最低のところから、少しは底上げされたようだが…）。

こちらの昨年の進路状況を、偏差値の高いほうから書いていくと、明治大学1名、東洋大学2名、国士舘大学1名、駒沢大学1名と続く。ちなみに、高校全体の大学進学率は、28％である。

こうして見ると足立区自体が、教育困難ということでは、ないらしい。だが、やはり学習環境の不十分さが大学進学率として現れているのは否めないだろう。

ところで、鳴り物入りで開学した東京未来大学は現在大幅な定員割れの状態。

行政と、大学進学志望者のニーズとの間には、大きな乖離があるように思えてくるのだが、それは考えすぎだろうか？

東大生もちゃんといるぞ！

では、日本の最高学府である東京大学に、足立区から通っている学生はいるのだろうか。

実は、年に数名ではあるものの、ちゃんと入学している学生がいるのである。東京大学が新入生を対象に行っているアンケートの2005年版によれば、新入生のうち足立・葛飾・荒川区のいずれかに自宅がある学生は全体の1・7％となっている。また、この3区にアパート・マンションを借りて下宿している学生は、3・8％となる。

なお、もっとも少ないのは千代田・中央・港区で自宅、自宅外ともに1・5％でしかない。また、もっとも数値が高いのは、自宅生は、世田谷・渋谷・目黒区の7・7％、自宅外生は台東・文京・豊島区で27・5％となる。

進学・就職率データ

	大学等進学率		就職率	
	2005	2016	2005	2016
都平均	59.90%	66.8%	7.00%	6.2%
港区	71.50%	75.4%	3.70%	2.6%
杉並区	71.00%	73.9%	2.70%	3.7%
足立区	34.20%	42.9%	19.80%	21.4%

東京都教育委員会調査より（2016年度）

いくら足立区に大学がなかったとしても、勉強のデキるヤツはそれなりの大学に進学しているワケである。

足立区に不足しているのは、そうした能力がある児童・生徒が勉強をする方向に向かうための環境では、ないだろうか？

次頁からは、小中学校の段階で、早くも脱落者が続出する、足立区の現状について解説する。

所在する高校の偏差値

	足立区			港区			杉並区	
	2005	2015		2005	2015		2005	2015
平均	46.27	46.27	平均	59.75	59.75	平均	58.31	58.31
都立								
江北	53	54	三田	58	65	西	70	74
足立	49	49	芝商業	53	47	豊多摩	58	63
足立新田	42	45	赤坂	42	閉鎖	杉並	53	55
足立西	47	47	六本木	38	38	杉並総合	51	50
足立東	37	39				杉並工業	39	41
足立工業	40	42				荻窪	40	42
淵江	42	43				農芸	42	44
青井	41	42						
荒川商業	42	40						
私立・国立								
足立学園	63	61	麻布	--	--	杉並学院	60	62
潤徳女子	53	51	慶應義塾女子	75	76	光塩女子学院	--	--
			芝	--	--	佼成学園	60	64
			頌栄女子学院	--	--	國學院大學久我山	66	71
			広尾学園（順心女子）	48	70	女子美術大学付属	54	57
			聖心女子	--	--	専修大学附属	60	61
			正則	54	51	中央大学杉並	69	70
			高輪	55	--	東京立正	58	56
			東京工業大学附属科学技術	60	72	日本大学第二	66	66
			東海大学付属高輪台	62	58	日本大学鶴ヶ丘	65	68
			東京女子学園	60	52	文化女子大学附属	62	62
			東洋英和女学院	--	--	立教女学院	--	--
			普連土学園	--	--			
			明治学院	68	67			
			山脇学園	--	--			

東京都高校受験辞典などより（2016 年度）

堀切駅から望む東京未来大学。でも大学の入り口は、路地を歩いた反対側にしかなく、とてつもなく不便

足立区が感涙した初の大学施設。だが、ここへたどり着くには、少々怪しげな歓楽街を通り抜ける必要が…

相次ぐ大学誘致は何をもたらしたか

２０１０年代に入り、足立区には変化が起こっている。その中で、最も目立つもののひとつが「大学が来た」ことである。

先に紹介した未来大と芸大に続き、２０１０年には帝京科学大学がやってきた。だがまあこれは新設大学みたいなものでそれほどのインパクトはなかった（場所が駅から遠い川沿いだということもあるだろうが）。が、続いて２０１２年の東京電機大学はびっくりした。なんと北千住駅直結である。新宿の地下街に直結している工学院に対するライバル意識かとの邪推もできるが、ともかくすごい。電機大学といえば、神田の路地に突如出現する大学っぽくない風情が特徴であったが、それを振り払い、北千住にて「見るからに大学」なビジュアルを手に入れたのだ（それ以前の千葉キャンパスの存在は、あえてここでは無視しておく）。

電機大学といえば、いわゆる有名大学とはいえないが、有名な研究者から特撮の父円谷英二、作家の新田次郎など、優秀なＯＢを数多く輩出した学校で、規模も1万人オーバーだ。キャンパス新設に合わせて東口ロータリーもできたし、色々な意味で「見た目から明らかに効果のある」誘致となっている。

これに続いて、2020年には、あの交通不毛の地花畑団地に、文教大学がやってくる予定だ。平日の昼間は物音ひとつしないような「僻地」となっていた花畑が大きく変わる。この「僻地」にランドマーク（今回の場合は大学）ができるというのは非常に大きい。大学ができるということは、強制的に毎日数千人の人を運ぶためのインフラ整備が要求される。距離は遠いので「一応の」と頭についてしまうが、最寄り駅はつくばエクスプレスの六町駅など。駅周辺はまだまだな〜んにもないという状態だが、大学に合わせた開発を行う「必要性」が生まれるというのは、これから沿線を開発していきたい新路線にとって貴重な機会だ。

鉄道が通っても、そこに「人が流れる理由」がなければ宝の持ち腐れだ。その「理由」をしっかり用意した足立区。これは誠に天晴れである。

私立小学校はゼロ！　学力テストの結果は23区中ビリ付近？

公立校選択制の歪みが顕著に？

足立区には都内最多の72校の小学校が設置されている。そのうち、72校が区立小学校である。

つまり、私立小学校はゼロ！

えー！　と思われるかもしれないが、足立区には区立小学校以外の選択肢はナシ。幼稚園・保育園は、公立が1校、とわずかしかなく、費用の高い私立（こちらは55校）へ行くか、待機かを選択しなきゃいけないのに……。

そんな区立小学校は各学年1クラスの「過疎校」がある一方、1学年5クラスの学校もある。原因は地域の人口密度のせいだけではない。

実は足立区は1996年度から、全国に先がけて公立小中校の通学区域を大幅に弾力化する政策を進めてきた。1995年度に6・5％に過ぎなかった区内の越境入学が2000年には13％と増加、完全な選択制に踏み切った2002年からは、さらに増加して人気の集まる一部の学校では抽選も行われるようになった。

このうち、人気が殺到して抽選校となったのは、梅島小・興本小・千寿本町小・保木間小の4校。もっとも人気が高い千寿本町小の場合、受け入れ可能人数、70名に対して、応募者は101人であった。

ただ、このデータを見て明らかなのが、すべての小学校に、学区域外から入学している児童がいるということ。これは、つまり学校のレベル云々よりも「家から近くて通いやすい」のほうが、重要な要素になっているようだ。

ところで、そんな足立区の学校に、越境入学してくる人もいるのだ。どんな物好きかといえば、埼玉県八潮市との県境の一部が綾瀬川を迫り出して、南側の東京都足立区内に飛び地を形成している地域の住民。川を越えるのに時間がかかり非常に不便とのことで、隣接する足立区立の学校への越境入学が許可されているのだ。また、地域の住民は、足立区への編入を市議会に請願を出している。ただ、昔からの住人の中には「自分たちは足立区民」と信じて生活しているのが実態だそうなのだが。

いっぽう、港・杉並区は私立小学校も多く、区外から数多くの児童を受け入れているのが実態だ。港区には私立小学校は2校（※愛育養護学校は除く）、976名が通学している。杉並区では、私立3校が区外から児童を受け入れている。

東京じゃあ珍しい「子供が増加する」足立区

というわけで、通学先の選択肢は、ごくごく限られている足立区だが、子供の数は増加する一方。平成18年度の統計を見ても、足立区の14歳以下の年少人口は8万2416人。総人口に占める比率は13・2％だ。

港区1万7716人で6・0％、杉並区4万9085人で9・4％だから、足立区にいかに子供が多いかわかるだろう。なお、足立区の人口構成を見ると15歳

～64歳の生産年齢人口は42万５３３人、65歳以上の老年人口は12万２１１８人となる。

そもそも、大学卒が当たり前の時代に、15歳以上を生産年齢人口と呼ぶのは時代遅れとの意見もあるが、足立区ではまだ有効である。

さて、そんな足立区の実態を現しているのが、就学援助を受けている児童の数である。そもそも、就学援助とはなにかというと、経済的にお困りの家庭を対象に、学用品費や給食費の支払いを助成する制度のこと。つまり、この人数が多いと言うことは、それだけビンボー家庭が多いということだ。足立区では、平成17年度に就学援助を受けた児童の数は３万２９８９人で、全児童の47・２％にのぼる。

港区、杉並区は非公開だが、足立区では、ビンボーが恥ずかしくないくらいに、蔓延していることは認めざるを得ない。

ただ、貧乏なだけならばかまわないだろう。しかし、貧乏は確実に、生活習慣や学習環境を破壊しているのが問題なのである。

足立区の成績は正直かなりワルい！

足立区教育委員会では、平成16、17年の2年にわたって小中学校を対象に、学力向上に関する総合調査を行っている。ゆとり教育に伴う弊害は、国家レベルで論議されている課題だが、そこに現れたデーターを見ると足立区の論議はそんなレベルではない。

その内容を紹介しよう。

調査項目の中から、生活に関する質問と回答をピックアップしてみよう。「朝と夜、歯磨きしている」・「早寝早起きなど、規則正しい生活をしている」・「自分が使ったものの後かたづけなど、自分のことは自分でしている」。

どうだろう。とにかく質問を読んでいるだけで「ヘエー」というのみに終始してしまう。足立区の悲惨さを察するに余りある。では、17年度のこの質問の集計結果を記してみると、「朝と夜、歯磨きしている」のは、小学2年生で79・1％、そして学年が上がるとともに上昇してゆくが、中学3年生でも91・3％。クラスの約10人に一人は、歯磨きをしていないヤツがいるのだ。

次に「学校に行くのが楽しい」と答えた子供の数を見てみると、小学校2年生では、85・9％いるのに、中学校では68・5％である。

こうした悲惨な実態にメスをいれるべく、足立区行政が打ち出した施策というのが、学校のランクづけ。

足立区は17年度に実施した学力テストの結果などを基に、区内の公立小中学校（72小学校、37中学校）で予算配分に差をつける方針を決めたのである。

都と区がそれぞれ年1回実施する学力テストの平均点などから、A～Dにランクの4段階に学校を分けるというもの。さらに、たんにランク分けするだけじゃなく、ランクに応じて予算にも差をつける。Aランク校には最大で400万～500万円、Dランク校には200万円という感じ。

Aランク校には全体の約1割が選ばれる予定で、上記の学校数から計算すると、小学校7校と中学校3校。Dランクは全体の4割なので、小学校29校と中学校13校となる。

しかし、この施策、発表直後にすぐ撤回するという結果に終わってしまった。理由は、区内外からの反対だ。

そりゃ、ランクの下位になった小学校はもちろん、地域にしてもたまったもんじゃない。

「この地域は、バカの集合地帯です」と、行政が触れ回っているようなものではないか。

行政がここまで、思い切った施策に乗り出したのにも、理由はある。

東京都が実施する学力テストでは、足立区の小学生は平成16年度には最下位、昨年ようやく21位を獲得している状態なのだ。

ところが、平成17年度のテスト結果を精査すると、足立区内には大きな学校間格差が存在することがわかる。

東京都の平均点は国語82・2点　算数74・1点　理科77・0点。

足立区平均は、国語80・0点　算数74・3点　理科75・3点である。これに対して、先述した抽選が行われる人気校である、梅島小学校では国語83・8点算数74・4点　理科79・9点と、いずれも平均を上回る優秀校なのだ。

ところが、これが足立区最下位の花畑にある桜花小学校になると、国語72・4点　算数59・3点　理科65・0点となるのである。

つまり、これに応じて予算配分まで行われてしまったら「花畑はバカがたくさん住んでいます」と触れ回っているようなものだ。その結果、結局はバカしか集まらなくなり、負のスパイラルに陥るという結果が待っている。

ただ、この学校間格差の問題は足立区に限ったことではない。23区ではいまやほとんどの区が学校選択制を導入しているが、中には入学者ゼロで廃校の危機を迎えているところすら存在するのだから。

中学校になると、学校選択制の成果は、小学校よりも顕著に結果が現れることになる。

平成19年度の新一年生の応募状況を見ると、抽選校になったのは、９校。進学率の高い中学校に人気が集中する傾向があるのである。

この９校のうち、７校が足立区の上位10校にランクインしている中学校である。

２００７年１月23日付けの「読売新聞」に掲載された記事によれば、この学校選択制度は、「上位の学校は、教師の質も含め、落ち着いて勉強できる環境が整っている」として、おおむね好評価だという。

つまり、もともと学力があり勉強する気のある生徒にとっては、非常に有効な施策ということだ。

「実は、ごくごく一部の生徒と、その親を除けば小学校と同じく、勉強ができそうな中学校を選ぶという考えはないのではないのか？」と、やっぱり小学校レベルで、露骨にバカ学校が存在している足立区の現状を見ると考えてしまうのだが。

学校選択制導入後の足立区で行われた調査結果によれば、保護者が各学校の学力結果を考慮して学校選択を行っているかどうかについては、「明らかに行っている」という結果がでているのである。

さらに副次的要素として、校舎が綺麗であるとか、規模が大きいという結果もある。また、学校までの交通機関の便も注目される。

ただ、やはりそれらは副次的なものにすぎず、このようにもっとも大きな要因は、学校の教育内容でその次にくる大きな要因は交通機関の便がよい学校ということから子供を少しでもよい学校に通わせたいという親の意思が見え隠れする。しかし世帯人数が多いほど、近所の学校を選んでいるという調査結果も出ているから、学校選択制も結局は教育内容よりその学校に対するイメージで決まっているように見えてしまう。

※　※　※

めっちゃやたらと厳しい状況だった足立区の教育環境であるが、それだけに足立区はかなり力を入れてこの問題に取り組み。効果が現れ始めている。

まず、就学支援問題だが、２００６年に「就学支援率42・５％！」と大騒ぎされ、これをもって「貧困足立」の証明されたわけだが、実はその後、さらに悪化し、46・６％までいってしまった。しかし、近年は減少に転じている。

ただ、子供の貧困問題は、基本的には親の問題なので「教育対策」として手を出せる範囲は狭い。大人の就職支援や産業振興こそが本当の対策だ。それはそれで別個に進め、成果がみえ始めたことは先に説明したが、教育面では「勉強から置き去りにされる生徒をなくす」ことに取り組み、「そだち指導員」という退職教員を起用した対策事業を２０１５年から本格的に開始した。教育の不備は、明日の貧困を生む最大の要因であることをよくわかっている。子供への「学力保障」という考え方に基づいたこの取り組みは、注目に値するだろう。

足立区は荒れている？ 検挙数・補導数ともにメチャクチャ高い！

子どものやることですから……で済む？

足立区は、犯罪都市だといわれている。女子高生コンクリ詰め殺人はその代表格といったところか。

しかし、足立区のちょっとした繁華街、いや、深夜の人気のない公園をちょいと歩いていても、強盗にもあわないし、カツアゲされることもない。必ず、ガラの悪そうな無灯火自転車のナイスガイには出会うのだが…。

あいつらが、みんな窃盗や強姦をやっているとすれば、命がいくつあっても足りないと思うんだけど、そうでもないらしい。

「確かに、学校をサボッてタバコを吸ったりしてるガラの悪いヤツは多いけどねェ。そんなに犯罪が起こってるとは思えないよ」

　という街の声も、どういうことでしょうね。

補導数は圧倒的に多いがほとんどがカワイイもの

　というわけで、警視庁が発表する少年犯罪の統計を調べてみた。

　平成17年で、不良行為を働いて補導された少年（もちろん少女も含む）は、3660人。港区は527人、杉並区は1425人だから、やたらめったら数が多いのは確か。

　じゃあ、補導された理由はというと、最大は深夜徘徊の2587人である。まあ、子供のやることなんて、そんなものか。

　たしかに、深夜のガストやマクドナルドに、まだ中学生くらいのヤツらがたむろしてたりするけど、捕まらなければ大丈夫！　ってことか。

　補導といえば、定番は喫煙。こちらは深夜徘徊に次いで874人だという。同じく定番の飲酒95人に比べて格段に多いのは、やはりタバコが自販機で購入できるからということらしい。

ところが、足立区でやたらと発生していそうなイメージがある、暴走行為で補導された少年はひとりもいない。

じじつ、休日前の深夜に街道沿いで待ちかまえても、暴走族に出会えない。おまけに、性的いたずらとかも、ほとんど起こってない。

さらに、ほとんどの項目で港・杉並区を大きく上回っている足立区なんだけど、ひとつだけ逆転している項目を発見！　それが風俗店で補導された少年の数。こちらは、足立区が2人なのに港区は42人。おまけに半数は女の子ということは、夏休みに年齢をごまかして、キャバクラでバイトしていたってところか。うん、性的な乱れは港区のほうがひどいんじゃや、ないかな。なお、杉並区でも12人が補導されております。

確かにキケンだけど大騒ぎするほどの……ものか

どうだい諸君、たとえ足立区でも思ったほどトンデモない少年犯罪が発生しているワケじゃないことは、理解して頂けただろうか。

じゃあ、続いて補導じゃ済まなくて逮捕された少年たちの動向を見比べてみるとしよう。

平成17年に、足立区で逮捕された14歳以上の少年の数は694人。港区は101人、杉並区は328人だから、ほぼ6倍と2倍。え〜、こちらもかなり多いね。

じゃあ、その内訳はというと、もっとも多いのは窃盗。それも非進入系だから店先で売り物を盗んだとか、自転車をパクッたとか、その類。要するに「万引き」系統の、非常にありがちな「ガキ」の犯罪が合計で357件と、半数以上はコソドロ程度にすぎないわけだ。

まあ、この傾向は港区は70人、杉並区も118人が窃盗犯と、ほぼ同じである。

次いで多いのが、占有離脱物横領で161人。こちらも窃盗と同じ傾向で港区が39人、杉並区が161人なのだ。こちらはどういうことかというと、放置自転車やバイクを乗り回していると、この罪名になるらしい。

うぅむ、どこの地域でも、悪いヤツのやることは同じなのか。

確かに犯罪の発生数は多いけど、大半は「ガキの悪さ」レベル。こう考えると「足立区は怖いからイヤ」という台詞も、もう使えなくなるだろう。

ダイナミックな小僧もいることはいる

でも、やっぱり足立区には、足立区ならではの犯罪がある。それが暴行・傷害・恐喝だ。特に傷害は59人も逮捕されている。港区は6人、杉並区だと4人しかいないにもかかわらず。さらに、恐喝は足立区が26人なのに、港区はゼロ、杉並区は1人である。おまけに放火で5人も逮捕されているのには、ちょっと戦慄を覚えないでは居られない。

おまけに放火については、犯人が検挙されることも少ないらしく、昨年、伊興一帯で発生した、連続放火事件も、まだ犯人は検挙されていない状況である。ただ、民家に火をつけるようなことはなく、ゴミ捨て場や自転車置き場がターゲットとなる場合がほとんどなのが、まだ救いというところか。

では、続いて14歳以下の少年犯罪を見てみると、こちらも補導された少年数は足立区がダントツの168人。港区13人、杉並区18人だから、犯罪については早熟なヤツが多い土地柄といってもよいだろう。

そこで、そんな少年たちの事件をあたってみると、2005年の夏休みに、対立する中学生グループに暴行を加えて逮捕された中学生の記事を見つけた。

警視庁の調べによると、少年たちは、8月末から9月にかけて、足立区大谷田の公園に区内の中学3年の男子生徒ら3人を呼び出して暴行を加えた…。ということだが、その理由が中学生らしい。

なんでも、男子生徒らは、夏休みに仲間を20人ほど集め、「足立区を制覇する」という恐るべき野望を抱き、そのグループ名を少年騎士団を意味する「リトルナイツ」と名づけたのだとか。

調べに対し男子生徒の1人は、「中学3年の夏休みの思い出を作りたかった」と供述したとか。

ちなみに、昨年、暴行での補導人数は1人、傷害も8人。数が多いのは14歳以上と同じく窃盗と、占有離脱物横領である。

まあ、こういった、トンデモ事件を発生させてしまうから、足立区全体が誤解されているのではなかろうか。もし、これから足立区に引っ越そうと思っている子供のいる家庭は、子供の友達に気をつけたほうがよいだろう。

ちなみに、同じく２００５年に、バイクの窃盗を繰り返して逮捕された少年グループの名前は「盗みの頂点を極める」という意味で「チョモランマ」と名付けていたとか。

都内でもほかの地域では発生しえないであろう、スケールの大きな犯罪が続発するのだ。

２００７年には、区内各地で、飲食店の出前や新聞配達などに使われる業務用バイクが次々と盗難にあう事件が発生。累計56台以上が、盗難にあったのだとか。

なんで、よりにもよってカブばかり？　とハテナマークが点灯しつつも、出前ようのおか持ちをつけたカブを盗まれて呆然としている状況を想像して、笑ってしまう。

ほかにも、無免許運転で交通事故を起こしたうえ、証拠隠滅のために車を燃やし、崖から落としたとして高校3年の男子生徒3人組。さらに「普通の車だとやくざが乗っている可能性があるのでタクシーを襲った」と供述する少年グループなど、ダイナミックさにも程がある。

もっとも犯罪件数が多いのが、西新井警察署管内（西新井、鹿浜、新田などを管轄）で、１５２６人の少年が逮捕、補導されているのである。次いで、竹の塚署管内が、１４３４人、綾瀬警察署管内が１０６３人。もっとも犯罪が少ない千住警察署管内は、５９０人である。あちこちにヤバいヤツらがうろついている足立区だけど、決して均一じゃないところに注目だ。

なお、この西新井署管内では西新井大師周辺でひったくりが多発。50歳以上の老人が被害に遭うことが多いと注意を呼びかけている。

しかしどうだ。たしかに少年たちによる犯罪の多い足立区だけど、いきなり道で殴られたりする危険はそれほどない様子。本当に危険な目にあうかどうかといえば、新宿や渋谷より、むしろ安全かも。

おとなしくなる足立区の少年少女

足立区の変化は少年少女にも及んでいる。２００５年の補導者数は３６６０人だったのに対し、２０１４年は３１９５人。なんと15％近くも減っている。喫煙は８７４人から３４７人と半減。喫煙率の減少は子どもにこそ顕著といえる。対して最も多かった深夜徘徊は２５８７人から２７３９人へ増加。元々「足立区の子どもは不良のヤンキー」なんていわれていても、その実態は夜中チャリンコを乗り回してせいぜいタバコを吸っているくらいだったものが、今ではタバコすら吸わずにウロウロするだけなのだ。一応千住署で「暴走行為」が３件報告されており、都内総数17件に対し全体の６分の１を占め、ヤンキー区の威信を守った（？）が無題外泊ですら45件から22件へ激減し、もう欠片も「不良」な色をなくしてしまった。当然、マジものの犯罪である窃盗は半減、傷害こそ微減だが、カツ上げなんぞほぼ絶滅し、もはやチャリ泥すらしないのが、足立区の「悪ガキ」なのである。

最後までガンバる足立区の教育！誰も見捨てるな！

エンカレッジスクールは大成功！

かつては足立区には中退率5割を超える高校があったという。

ということは、1年の入学当初は、みなセンパイの遊びっぷりにビックリし、2年になる前には、自分たちも即実践。そして3年になる前には退学…という感じだったようだ。

しかし、それも今は昔の話である。

文部科学省が2005年に全国の高校3年生のうち約15万人を対象としておこなった学力調査で懸念されたのは、調査結果が高得点層と低得点層まっぷたつに分かれたことであった。この中間が少ない状況を「二こぶ式」の得点分布という。学力テストと同時に行った学習に関する意識調査でも、学校以外の勉強時間が「三時間以上」が24％いる一方で「全く、ほとんどしない」も39％だった。

つまり、勉強をしない生徒たちは、もともと頭が悪くて勉強できないのではなく、基礎学力や学ぼうとする意欲に乏しいということだ。

これは、先にも述べたように足立区にもピッタリ当てはまる事例である。

こうした、現状に対応するために必要なのは、習熟度別授業や補習といった底上げ型の授業である。

そのために、東京都が都立高校で導入しているのが、エンカレッジスクールという制度である。これは、東京都が全日制都立高校の中でも中退率・生徒指導に問題のある高校を対象にした施策で、可能性を持ちながらも力を発揮できない状態の生徒を積極的に受け入れ支援するための施策を実施する高校である(ちなみに東京都では、従来の高校とは違った新しいタイプの高校を次々につくる施策を展開しているが、このエンカレッジスクールの逆が白鳳や両国などの「公立中高一貫校」、日比谷・西などの「進学重点校」である)。

では、具体的にどんな内容が実施されているかというと、足立区で指定されている足立東高校では次のような授業が行われている。

まず、国語、数学、英語などは、授業時間を50分から30分に短縮して、集中力を養う。もちろん、国語、数学、英語には定番の習熟度別クラスも導入している。さらに、２人担任制も導入されているのだ。

この施策によって、足立東高校はガラリと変化したのだ。

4・6人にひとりが退学していたが……

実はこの足立東高校、２０００年度には全校生徒５９８人中１３０人が中退するというとんでもない学校であった。

おまけに、２００４年の歯科検診では、虫歯の治療をしていない1年生が81・5%と、都の前年平均32・7%を大きく上回ったこともあったとか。つまり、勉強をしない、できない理由が、そもそもできる環境にないという典型例だといえよう。

そのために、学習と共に改革がはかられたのが、厳しい生活指導だ。当然ながら、茶髪やピアスは禁止。トイレを理由に授業を抜け出す生徒が多いので、必ず保健室経由でトイレに行かせ、保健室で渡す紙を教室で提出させる方法を行ったという。さらに、同時に教師が2人1組で校内巡回し、対策を始めてから1か月で授業の中抜けがまったくなくなったという。

ちなみに、授業内容も親切そのものだ。九九すらもうろ覚えの生徒が多い状況を改善するべく、小学校レベルの問題を解くことで、いつ勉強につまずいたかを確認し、その時まで遡りながら学習を進めてゆくという。これによって、退学者は2005年度には全校生徒510人中38人まで減少し、進学や就職など進路がちゃんと決まった生徒も2003年度の約51％から昨年度は75％まで増加したという。

つまり、いくら勉強をするよう叱ってもその意識は改善されないわけで、どれだけ児童・生徒本人に勉強への興味を持たせるかが重要なわけである。

中学校の時点で危機感バリバリ

そんな足立区の理念を端的に示しているのが、授業改革によって大幅に中退率を下げた足立新田高校の教育目標だ。「決して進学校を目指すものではない。また、中堅校を目指すものでもない」しかし、足立区の教育への危機感は「高校になってからでは、もう手遅れ」というところまで高まっているようだ。

２００４年に、東京都が中学二年生を対象に実施した学力テストで、足立区の平均正答率は23区中で最も低かった。こうしたこともあって、区教委では学力向上に向けて早急な取り組みが必要と判断し、独自判断で中学校ごとの平均正答率の公表にも踏み切った。

そんな足立区教委が行っているのが、教員志望の学生などを小中学校に配置して、児童・生徒の学力アップを目指す「学校支援事業」である。学生らは放課後などの補習の際に教員を手助けする役割を担い、原則として、希望するすべての学校に派遣されるシステムである。

足立区でも小、中学校各一校が対象となっており、指定校の一つ、区立千寿常東小（千住旭町）でも、放課後に補習の時間を設け、学生らが児童の勉強の相談に乗っている（平成19年度より）。また、すでに区内の十数校では独自に学生を招いて、土曜スクールなどの講師を務めてもらっており、保護者からも「子どもにやる気が出てきた」「授業についていけるようになった」などとおおむね好評だ。

また、児童・生徒を持つ家庭に対しても、学習向上を目的としたリーフレットを配布しているが、その中でも一番に挙げられているのが「朝食をしっかり食べさせる」の一文。

やはり、しっかりした家庭の子供は朝食も食べている。

塾の数だけは他区に負けないが……

ところが、教育環境が悲惨だと指摘される足立区で営業中の学習塾の数は181。港区34、杉並区177だから、ほぼ同じ数である。

だが、それにもかかわらず、学力が東京23区最低レベル。これがどういうことかと考えると、やはり勉強ができる子供は、親も教育熱心だから早い段階で区内のレベルの高い学校を目指すか、もしくは区外へ逃亡してしまうのだろう。もはや、足立区の学校は東京都内でのレベルを争うよりも、落ちこぼれでも見捨てない教育方針のみに転換するほうが手っ取り早いという意見もある。

ただ、前々から述べているように、朝食もキチンと食べられないような家庭の子供がバカになるのは当たり前だから、単に学校が変われば改善するのは、多少なりとも「このままバカだと就職もできないんじゃ…」と危機感を持った高校生レベルまで待つしかない。

とすると、足立区の場合は「親の教育からやり直します」くらいの思い切った施策を実行してもよいのではなかろうか。

たとえば、港区の場合は教育目標として、小学校から英語教育を施すようなハイレベルな教育方針をとっている。杉並区の場合は、課外活動の充実やいじめ・不登校等対策が重点施策の要である。

また、放送大学の東京足立学習センター在籍学生数を見ると、学生総数は平成17年度で2930人。つまりたとえ足立区でも、学習意欲は存在しているのだ。

いずれにしても、ここ数年の改革で目に見えた成果ばかりが注目を集めている足立区の学校教育だが、実はそうしたトンデモない人間が生まれないようにする策を施すことが重要なのではないだろうか。現状、高校レベルではどんなにバカでも見捨てないやり方で成果をあげている足立区ならではのアイデアが切望されている。

※　※　※

久しぶりに読むと、かなりひどいことを書いていて冷や汗ものだが、変に直すとかえって怒られそうなのでそのままにした。で、高校中退者対策はさらに効果を上げていて、本文中で紹介した足立東の退学者数は2014年で22人。足立高校は2012年、足立西高校は2014年に退学者0人となった。一方、退学理由の大半は家庭の問題で、中には「お金がなくて大学に行かれないことが分かり学校に来なくなってしまった」という例も。校内での対策は進んでも、根本的な解決には、学校以外の「対策」が必要だ。

図書館をはじめ住民サービス施設の利用率は高い。だが、その陰にまったく利用しない層が確実に存在する

生活保護すれすれになっても子どもを塾に通わせる親もいる。教育こそが人生最後の逆転のチャンスなのだ

新区民VS旧区民　ラウンド2　教育対決

もはや教育現場では矯正なんて不可能だ

足立区の教育といえば、レベルの低さばかりが目立って注目されがちだ。学力の低さを、如実に表しているのは、東京都が実施している学力テストで相次ぐ不正行為だろう。

2010年1月に行われた、学力テストでも竹の塚中学で教師が、生徒の答案を指さして「解き直したほうがいいんじゃないの」と促したり「問題にない数字を書いているんじゃないの」と指摘するなどの行為が発覚している。しかも、この事件が発覚したのは保護者から足立区に寄せられたチクリメールだったそうだ。学力テストの目的は、競争を煽るなどの批判はあるものの、学力の調査が主。そんなことは教師の側も理解しているハズなのに、なんでこんな行為を……と思ってしまう。

この背景にあるのは、足立区の学力の低さへの教師のプレッシャーであろう。２００４年には学力テストの点数が23区でダントツの最下位に。これを受けて、２００６年にはテストの成績に応じて学校予算の配分を変えるという、文字どおり競争を煽る仕組みがつくられたが、なんと校長までもが試験中に生徒に間違いを教えるという事件まで発生し取りやめられている。

足立区の多くの公立学校は、学力の低さに悩み、万策尽きた末に、こうした行為に走ってしまっていると理解することが出来る。

足立区の学力が低い理由。それは、もともと頭が悪いからではない。もともとより存在している貧困と、学力を向上させたところで、明るい未来が描けないという部分が大きく作用していることは間違いない。なにしろ、足立区の貧困の多くは、いまをときめくワーキングプアとか派遣切りとか、そんなものとは違い、何世代にも渡って世襲されたものなのである。そうした経緯、そして環境があるゆえに、学力を向上さえたところでなにか得するものがあるのか？　と疑問を持ってしまうのは当然だ。足立区では現在でも、定時制高校に通う生徒が多いが、卒業まで学び続ける生徒は半数あまりだという。経済的に苦しいからこそ、効果が発揮されるのが遅い学校よりも、目先のバイトや就職を追い求めてしまうのだ。そして、そうした貧困が当たり前の人々は、そもそもスタートラインが違う。塾に通って学力を身につけることもできないし、そもそも周囲の環境には教養なんて言葉は存在しない。誰もがパチンコやら酒にカネをつぎ込むばかりの環境で、いくら教育の必要性を説いても無意味だ。そんな環境の中で、二人の息子を大学まで行かせ、一人は大学教授にまでした、北野武の親は偉大である。しかし、残念なことに、これを見習おうという人は、滅多に現れない。それが、足立区の悲しい現実なのだ。

冒頭で触れた学力テストでの不祥事は、こうした背景の中で起こっている。もはや、学校の取り組みだけでは不可能だとわかっているのか、足立区内ではNPO主体による一回100円で学力支援を行うNPOも立ち上がっている。また、地元のスーパーが行う若者向けの就労支援事業というのもあるそうだ。

かつては、貧困に喘いでいても「手に職」があれば、かろうじて生きて行けたのだろうが、経済システムが変化していく中で、従来の技術が無意味になったりして失業してしまう例は、ざらにある。もはや、貧困から抜け出すには、カネを稼ぐ前に、まずスタートラインを少しでも有利にすべく教育、そして学歴を身につけるよりほかに手段はない。そのことが、足立区でも徐々に理解されつつあるのは、間違いない。

別世界の学校へ通う新区民の子弟たち

こうした学力問題は、主に旧区民の問題である。対する新区民は、まず貧困層ではない。なぜなら、その多くはマンションなどを購入して移住しているわけで、旧区民にありがちな絶対的貧困層ではないからだ。

新区民が、移住してくる理由は、ひとえに足立区ならばマンションや一戸建てを手に入れられるという理由のみ。もちろん、足立区の教育現場の悲惨な状況など織り込み済みだ。それくらいの覚悟がなければ足立区には住めない。早ければ小学校から、遅くとも中学校からは、私立に行かせて地域のあまりにレベルの低い公立校とは縁を切ることも当然考えている。このご時世でマンションを購入できるほどだから、そこそこの大学を出て、そこそこの会社で給料を貰っている彼ら、旧区民のように目先の儲けだけを考えている奴らとはひと味違う。まさか、学校とは名ばかりの魔境へ、好きこのんで子供を送り込む親などいない。こうして、学校レベルでも新旧の住民は別世界をつくり出す。こうして、公立校はさらに学力を悪化させる。

教育格差の負のスパイラルに堕ちた旧区民が救われるとしたら、教育の重要性に気づくしかない。

※　※　※

最初の取材から10年あまり。その間、さまざまな形で足立区の取材を行ってきたが、そうした中で学力の低い足立区の学校にも優れている面があった。あくまで地元民の体感だが、モンスターペアレントが極めて少ないのだという。学力は低くても「学校の先生は尊敬するもの」という昭和的価値観が、いまだに続いているようだ。

第3章
足立区はタマゴから
マンションまでなんでも安い！

物価が安い！　東京イチ安い食品と食べ放題店天国！

スーパーは毎日特売、外食も安い！

「やっぱり足立区は物価が安いんでしょうかねー。こないだ四谷のスーパーに行ったときびっくりしましたもん。アジの開きが1尾450円ですよ!?　やっぱり住むなら足立区ですねぇ」

とにかく、物価の安さは魅力だ。花畑のあるスーパーでは、毎週日曜日に1000円以上買い物した場合に限り、タマゴLLパックがワンパックのみ50円で購入できるという。これは極端な例かと思いきや、竹の塚のスーパーでは毎週水曜日に限り、98円というところもあるとか。

さて、この物価の安さは足立区にとって、最大のウリともいえるものである。

ネットマイルリサーチが２００６年に行った調査結果によると足立区に居住している人々が持つ居住地イメージは、一番回答が多かった「庶民的」67・４％に続いて、「夜遅くまで営業しているスーパーがある」35・５％、「コンビニエンスストアが多い」32・４％、「家賃・物価が安い」29・６％。このように、とにかく「安い」ことが、とんでもなくポジティブなイメージを作り上げているのである。

また、不動産ポータルサイトＨＯＭＥ′Ｓ調査による23区の住みやすさランキングでは、23位の足立区だが、物価の安さではトップ（港区は23位・杉並区は14位）。

チリも積もればを実践できる足立区

さて、この物価の安さをもう少し、実感できる感じに探してみる。

まず、これは感触にすぎないが足立区にはチラシが多い。川を越えて、草加市や川口市の激安スーパーのチラシまで入ってくる。

しかも、どのスーパーも激安店らしく色紙に一色刷のアレである。なんというか、いわゆる安売り店舗のチラシにしても、他区に比べて、遙かに迫力を感じられるのだ。

ちなみに、港区では新聞等に入る折り込みチラシ自体が少なかったりする……。

スーパーのチラシを集めて早速価格を比較してみると、まずタマゴの安さに驚いた。冒頭で述べたとおり、最安値はLパックで50円。さすがに、これは安すぎるのではと他店舗の価格を調べてみた。すると、区内のスーパーで必ず特売されているのがタマゴなのだ。つまり、足立区では、タマゴは当然100円以下で入手できる、超お手軽な食材なわけである（2007年4月現在）。

足立区では、こんなにお手軽なタマゴ。ほかの区ではというと港区が258円、杉並区158円となる。

そして、米は5キロが1680円。港区では3280円、杉並区では1880円。さらに、豚肉は98円。杉並区は89円、港区は118円。とにかく、ほとんどの食べ物が、どこよりも安いのが目につく。スーパーも、こうした食品類を目玉にしたところが多い。

さらに、安いのは食品類だけかと思いきや、日用品も安い。

どこの家庭でも、毎日必ず使うだろうトイレットペーパーを例に挙げてみると12ロールが２６８円（もっと安いのがあるはずだ。という証言もあった）。こちらは港区が３７８円、杉並区が３１３円だ。まあ、パッと見、せいぜいが数百円の違いなのだが、結果として、チリも積もれば方式で、足立区では生活費が安くつくことになっているのだ。

焼き肉食べ放題店の値段も他を圧倒！

食べ物関連でいえば、前述の通り「庶民的」な街なので、昔ながらの総菜屋も軒を連ねており、コンビニを使わなくてもよいという声も聞こえてくる。

さらに、別段自宅でなくとも食事を安く食べられるのが足立区のウリ。焼き肉となると、なぜかステーキよりもわくわくして、テンションが上がってくるのは、足立区でも変わらないが、「やっぱり、足立区といえば江戸一だろ」という声と「やっぱり、すたみな太郎だろ」という声の両方が聞こえてくるのだ。

そんな、思わずテンションが上がってしまう焼き肉食べ放題店が足立区には6店舗。港区が6店舗、杉並区が5店舗と数は変わらない。

というわけで、各区でも指折りの「名店」の食べ放題の内容で対決させることにしてみた。

足立区の某店はバイキング形式。メニューの数は…100種類以上と、これが最大の特徴。焼肉はもちろんだが、寿司・ラーメン・うどん・パスタなどのメニュー。たこ焼き・煮物・揚げ物などのお惣菜、スープ・サラダ・フルーツもいろいろあって、さらにケーキ・アイス・わたがし・クレープといったデザートまで食べ放題のメニューが豊富に揃っている。

ファミリー志向の足立区に対して、高級志向なのが港区。当然メインは肉の食べ放題。サイドメニューはせいぜい、ご飯とキムチくらいで、デザートの食べ放題はない。オフィス街ということで、サラリーマン向けの食べ放題ランチの店が多いような気もしたけど、そんな店もなし。　杉並区の場合も同じく、最初に出た数品を食べてからが食べ放題のシステムが多い。そもそも、安い焼き肉屋は多いが、食べ放題の店はなぜか最近増殖中。平均価格が、港区よりも高いのは少々驚く。

メインメニューである肉質を基準にすると三者とも甲乙つけがたい実力とみるのが、正しいようだ。

けれど、食べ放題に期待することといったら「値段分、モトを取った気になれたか否か」に尽きる（そうじゃなかったら、食べ放題なんて行かない）。肉質うんぬんの以前に、店に入ってカネを払った瞬間からが、食べ放題の醍醐味だ。

足立区の圧倒的勝利は揺るぎないようだ。

安価な自転車のヒミツはリサイクルにあった

さて、食べ物ばかりでなく激安店が建ち並ぶ足立区。第一章でも触れたが、自転車の安さはピカイチ。あまりに安いので、自転車は足立区では、置き傘と扱いが同じらしく、引っ越してきて3年あまりの間に7回も盗まれたという人もいた。

そこまで安い理由は、やはり需要があるからということがあるだろう。そんな需要に比例して、使い方もテキトーなので、区が撤去し、保管している自転車のうち、所有者の引き取りが無かったものを整備、清掃し、リサイクル自転車として安い価格で提供されている。

その取り扱い店舗は、38店舗。では、港・杉並区で撤去された自転車がどう扱われているのか。

港区では、シルバー人材センターが修理して毎月第2土曜日に抽選で販売する方式だ。杉並区では、シルバー人材センターが販売を担っているが、販売場所は一ヵ所だけで、それも月に数日のみである。

もちろん、需要ばかりが理由ではないだろうが、とにかく足立区では、自転車そのものに対しての、感覚がほかの区とは違うようだ。

そんな地域だけあってか、走っている自転車はママチャリばかりで、MTBは、ほとんど見られないことを付け加えておく。

食い物はとにかく安い。産地や無農薬へのこだわりは、ほとんどみられない。ロハスなんて言葉は通用しない

※　※　※

値段の安さは今も変わらず、というかもっと安くなっているものもある。のだが、もしかしたらこの個性は暫くすると薄れていってしまうかも。というのも、大手スーパーの西友が圧倒的なコストパフォーマンスを誇るプライベートブランド「きほんのき」を市場に投入するなど、スーパーチェーンの多くが低価格商品を置くようになったからだ。こうしたプライベートブランドの価格は、往年の足立区基準と大差ない安さ。これが広がっている今、足立区の「安さアドバンテージ」はすでに崩されつつあるといえるのだ。

家賃も安い！　でも「バス○分」に君は耐えられるか？

安いけどビンボーじゃない　足立区の住宅事情？

家賃をもとに足立区とほかの区を比較してみると、単に 安い だけでは区切れない、足立区の様々な顔が浮かんでくる。

まず、第一に最低家賃。比較調査に使ったデータベースによると、足立区の最低家賃は２万３０００円。ところが、港区の最低が３万５０００円からは別にして、杉並区は最低２万円と足立区より安いのだ。

さらに、風呂なしアパートの数を比較すると足立区は97件に対して、港区２件、杉並区は２３８件である。

さらに、４万円以下のアパートを探してみると、足立区は１１８件、港区は

2件、杉並区は218件。四畳半部屋の数は、足立区4件、港区0件、杉並区39件と、杉並区がやたらビンボーな雰囲気だ。

足立区は、千住をはじめとする駅周辺を除けば、高度成長期以降に発達した地域である。当然老朽化している。かくて、古いアパートは次々と取り壊されて、風呂付き、ロフトつきの少々オシャレな白壁のアパートへと変貌するわけである。綾瀬川沿いの某所で、その新旧が入り交じった地域を見つけたが、建物そのものは、都心のそれと遜色なく、静かで住みやすそうな感じですらある。

つまり、情緒とか風情よりも、実際の生活が優先なのである。そもそも、ボロアパートなんて借り手がないわけであるし。「そんな無風流な」と、批判する向きもあるが。

一方、杉並区はというと、都心に近いということもあって上京してきた田舎者たちも多く住む地域である。風呂がなくても、借り手は引く手あまたであるから、「ボロアパートでこんなに家賃をぼったくりやがって」という批判にも、いっこうに臆することなく、たぶん次の大地震で建物が倒壊する時まで、風呂なしアパートは取り壊されもせず、存続してゆきそうな気配なのだ。

ところで、港区はというと……。そもそも、こんなところに風呂なしアパートがあることがオカシイ！　の一言に尽きる。

大都会なのにバス通勤が基本！

さて、住居事情については足立区に分がありと思いきや、やはり重大な弱点が露呈する。

それが、「アパートにたどり着くまでの距離である。都心であれば、基本は「駅から徒歩何分」が、不動産屋の文句なのだが、足立区はちょい違って「バス停から徒歩何分」が不動産広告のデフォルトである。

では、駅からさらにバスに乗らないとアパートまでたどり着けないアパートの数。足立区では総アパート数５９６７件中８０４件で13・４％。杉並区は87件で０・７５％。港区は０件である。さらに、駅から徒歩表示のみのアパートでは、足立区が最遠38分、港区18分、杉並区20分となる。

結局、居住環境はともかく、毎日の通勤・通学を考えると、いくら安くても足立区にいまいち人気が集中しない理由がわかる（前項で触れたＨＯＭＥＳ[1]の調査でも「次に住んでみたい区」の最下位である）。

しかし、足立区にもきちんと金持ち向けのアパート（いや、マンションか）は用意されているわけで、家賃最高額は84万円のコンドミニアム。なお、港区は３百万円、杉並区は55万円となる。もし、毎日通勤通学をするでもなし、外出するでもない生活スタイルだったら、別段足立区でも悪くはなさそうだ。

そこで、物価の安さに目をつけて、足立区に引っ越して、定住してしまおうと考えている他区の人も多い。やはり、安さは無敵である。

というわけで、分譲マンションの最低価格を調べてみると足立区では、２４６０万円で購入可能。これなら、そんなに長いローンを組まなくても買えそうだ。ちなみに、港区は最低価格９２００万円……どんな悪事を働けば買えるのやら。ちなみに杉並区は２９６０万円と、足立区よりやや高めな程度である。

一方、最高額はというと足立区は７５００万円。安いというブランドイメージが崩壊しそうだ…。それでも、港区の１億４８００万円、杉並区の

９６８０万円から比べると、まだまだ激安価格に見えてくる。

そして、それぞれの区のマンションの売り文句にも妙な差が見えてくる。足立区では、大きな文字で描かれるのは駅までの距離よりも「東京駅13分」など、最寄り駅からターミナル駅までの時間だ。これが港区になると「あのナンタラマンションを手がけたデザイナー・ナントカ氏の新たな魅力」とか、なんだかよくわからんがすごいなぁと納得してしまうキャッチが並ぶ。通勤とか汗くさい雰囲気は一切しない。杉並区はというと「駐車場完備」とか「公園至近」とか生活しやすさと「通勤至便」のキャッチが両立。仕事はともかく休日も楽しめますよ、といった売り出し方である。

一戸建ての価格を調べてみると、最低価格１８８０万円の物件を発見。詳細を見てみると、駅からバス２分徒歩２分。築38年で３K、駐車場つきである。港区では、最低価格は７９８０万円。駅徒歩11分、築16年の３ＳＤＬＫである。杉並区では最低価格は２９８０万円。築31年、駅徒歩５分で３K、駐車場はナシとなる。

安さでいえば、やはり足立区が圧倒的である。

安さを求めて足立区に群がる外国人居住者

足立区には外国人も数多く住んでいる。しかし、港区に住む外国人とは明らかに違う文化である。

「何故、欧米人は港区に住むのか　理由は簡単である。港区は23区のなかで一番屋敷町が多かった。そしてそこに金持ちで知的な日本人が沢山住んでいた。東京に来る欧米人の殆んどがビジネスマンであるから貧乏ではない。金持ちである。したがって、欧米の金持ちは当然日本の金持ちが住む街に住みたいと思う。それが可能である唯一の区が港区であったからである」（森記念財団発行『港区の外国人』より）

同じ論理で、端からビンボー人率の高い足立区は港区とは違う性質の外国人であふれている。要は家賃を含めた物価の魅力に引き寄せられて、足立区にたどり着いたのだ。

２００６年１月１日現在の統計では、足立区に在住する外国人は新宿区に次いで多く、99カ国２万１４０５人となっている。そのうち、定住外国人が全体の66・3%、また在留資格なしの非正規滞在者は9%となっている。

この、外国人登録者の推移を見てみると、1995年から2005年までの間に急増したのは中国とフィリピンでそれぞれ約1・9倍と2・2倍という数字になっている。もう少し詳細に見てみると、1980年の段階で足立区の外国人登録者のうち95・6%は韓国・朝鮮籍であった。日本の都市部において、韓国・朝鮮籍の人々は、「昔から住んでいる」と言う意味では日本人とそう変わらない存在だ。つまり、以前はほとんど外国人がいないに等しい状況だったわけだ。ところが、現在では中国・フィリピンの人口増によって、その比率は41・7%まで下がっている。さらに、定住者は約5500人に対して、ニューカマーは約2300人と新規居住者が増加しているのだ。

港区では、2006年1月1日現在1万9944人。うち、アメリカ人がもっとも多く23・1%にあたる4622人。ついで、韓国・朝鮮人が2977人。中国人が2416人と続く。杉並区では、1万6775人。もっとも多いのは中国人の3761人で35・2%。ついで韓国・朝鮮人の3021人で28・2%となる。

また、国際結婚が多いのも足立区の特徴で、２００３年の国際結婚の比率は6・6％と全国平均の４・９％を大きく上回っている。

こうした状況を反映してか、２００５年９月に実施された足立区民世論調査の「身の回りに外国人が増えることについてどう思っているか」を見ると「なんともいえない」が61・４％で、６割以上があまり意識していないことがわかる。

と、ここまで足立区が外国人関連の統計作業に熱心なのは、今後の人口予測で外国人がさらに増加することが判明しているからだ。２０２５年には足立区の人口約60万人のうち全体の６・７％にあたる４万人が外国人に。２０５０年には約48万人のうち14・６％の約７万人が外国人となると予測されている。

２０１０年代版・足立区賃貸事情は？

２０１０年代も中盤に入り、改めて足立区の賃貸マンション・アパート事情を見直すと、なかなか面白い傾向があることに気付く。

まず、相も変わらず足立区は安い。家賃相場をみると、ほとんど全ての条件で足立区は東京都全体の値を下回るのである。が、一度条件を絞っていくと、「大してお得ではない」足立区と「めちゃ安やんけ！」な足立区があることに気づく。もっとも顕著なのが「間取り」。実は、1Rから1DKだと、足立区はそれほどお安くない。複数の不動産情報サイトの数値を平均すると、この間取りにおける足立区の安さは「東京都平均から15％～20％割引」くらい。普通6万円台のところが5万円台になる程度。節約できるのは1万円前後だ。これが、部屋が広くなっていくと「割引」が加速する。2LDKから3DKだと25％程度の差。金額でいうと3万円ちょっと。3LDKから4DKでは30％あたりで5万円くらい、4LDK以上だと30％を超える「割引」となり、9万円程度も安くなる。

なぜこんなことが起きるのか。ラインナップをみると、90年代に建てられたマンションのお買い得度が高い。特に4LDK以上の広い物件に顕著で、家賃16万円程度で100平米を超える部屋がバンバン借りられるのである（当然もっと安い物件もある）。また、5LDK以上の一戸建て、つまり借家もこの価格帯から存在する。ただ、借家は1970年代に建てられた物件も多く、現在のライフスタイルからみた快適度という意味ではちょっとマイナス。そのあたりの兼ね合いで、値段が抑えられているのだろう。

しかし、現状の足立区を考えると、ちょっとこれは安すぎかもしれない。確かに、ちょっと前までの足立区は、先にみてもらったように「駅からバス」な地域が多すぎた。が、日暮里・舎人ライナーの開通で、そうした交通不毛地域は激減している。考えようによっては、現在は「便利になる前の足立区」を基準とした値段がついているともいえる。

むしろ、ワンルーム系の低価格物件は、そうした「足立区の発展」がダイレクトに反映され、大したお得感がなくなってきており、かつてお金のない若者に優しかった街が失われつつあるといえるのかもしれない。ついに、足立区も四畳半に一家全員が身を寄せ合って暮らせる街から、一定の資産を要求される「普通の東京23区」になりつつある。当然の流れだし、文句をいうわけにもいかないのだが、これによって今の足立区がもっている「良さ」はどうなってしまうのか。ちょっと心配だ。

土地も安い！　足立区は東京最後の「マイホーム」約束の地だ!!

今がお買い得！　地価は急カーブで上昇中

２００６年から、急激に価格を上げている東京の地価。需要を増しているのは、利便性に富んだマンション用地が中心で、奥多摩の一部を除けば、土地の値段が下がっている地域はない。

では、平均的な土地の値段を見てみると、２００７年1月1日現在、足立区では平方メートルあたり26万３０００円である。港区１４３万５１００円、杉並区46万９６００円なので、土地の値段だけで見ると、港区の約5分の1、杉並区の約半分の値段ということになる。

ところが、２００６年との平均変動率を出してみると、足立区の上昇は住宅地で13・７％。商業地で15・６％となる。港区では住宅地が27・２％、商業地が23・２％。杉並区では、住宅地が８・１％、商業地が10・１％である。

変動率が高いということは、そのまま土地の値段が上がっていることであり、その土地が積極的に売買されている＝人気が高いということになる。足立区は、港区には劣るものの、杉並区より土地の売買が積極的に行われている人気急上昇の地域なのだ。

しかも、住宅地のみならず、商業地や準工業地も値をあげて、変動率は全体の用途では足立区が14・２％、港区が24・６％、杉並区では８・６％という結果になる。

いったい、足立区の土地が注目されている理由はどこにあるのか。

そもそも、２００６年頃から活発になった東京都23区の土地の値上がり傾向は、都心を中心としたマンション・オフィス需要の高まりが原動力だ。たとえば住宅地の平均地価は港区では２００５年には92万５４００円だったものが、２００７年には前述のとおり１４３万５１００円となっている。足立区も２００５年には22万４２００円だったのが、26万３０００円まで跳ね上がっているわけで、港区ほどのび幅は大きくないものの、ここ3年間で再びバブルでもやってきたのかと思えるほど、土地の価格が上がってきているのである。

さらに、足立区の土地に魅力が集まり、多くのデベロッパーによって、マンション建設や宅地造成が行われているのには、理由がある。

まずは、値上がりしているとはいっても、まだ23区の中では2007年の場合23位と、極めて安価であることが挙げられるだろう。

そして極めつけは、もはや都心部には土地が空いていないことである。港区、中央区、千代田区を、ヘリコプターに乗って上空から眺めてみれば一目瞭然だが、もうどこにもマンションやビルを建てられるだけの隙間は残っていないのだ（しいていえば、埋め立て地くらい）。

かくて、2000年頃のマンションブームから続いてきた都心回帰の流れは「土地がない」という物理的事情によって終焉し、人の流れは、再び郊外へと向かっているわけだ。

だが、現在の土地の値上がり傾向は長く続かないだろうというのが、不動産業界の大方の観測である。

それは、少子高齢化によって世帯数自体は、減少しつつあるからにほかならない。

ビンボーのイメージがビンボー人の救いに

もし、これから土地を購入して家を建てるなり、分譲マンションを購入することを考えるならば「都心は買えないから」とニーズの低い立地の物件を購入するのはやめたほうがよいというのが、不動産業界の見方である。

とはいっても、価格が下がったところで都心部に一軒家を建てるだけの財産を持てる人はそうそういない。足立区は発展的可能性がある地域にしては安いことが魅力の理由なのだ。

現在、足立区のあちこちに進んでいるマンションや住宅の建設は、平成13年の段階で約１４３ヘクタール存在した農地が行政の働きかけによって、次々と宅地化されていったものだ。加えて、足立区は、市街地の再開発事業にもやたらと熱心な地区でもある。

２００６年末現在の、市街地再開発事業地区の実態を見てみると、足立区では、３地区、４・２ヘクタールの市街地ですべて再開発事業が完了済みである。港区では、10地区、35ヘクタールが存在し、４地区が完了済み、事業中が４地区、予定が２地区となっている。杉並区はというと、２地区ともに完了済みであるが、合計面積はわずか１・０ヘクタールだけ。

つまり、地域の活性化のために、市街地の再開発が推進されている足立区や、港区に対して、杉並区は駅前にどこでも昔ながらの路地裏のような商店街が残っているとおり、再開発にあまり熱心ではない。足立区よりも都心部にありながら、杉並区の地価の上昇があまり高くない＝土地売買があまり活発ではない理由は、どうやらここにあるようだ。

さらに、住宅市街地整備が計画・実施されている地区は、足立区では47地区にのぼる。港区は18地区、杉並区は11地区だから、足立区が、まだまだ開発の余地が広く残された地域であることがわかる。

つまり、なにも財産がない足立区にも、土地という有効利用可能な財産が存在しているのである。たとえば、低・未利用の公有地を定期借地権方式で、民間企業に貸し出し、住居を提供する施策も進められている。２００１年から進められているこの事業では２００８年までに2世帯居住も可能な広さの住宅を、２０００万円台で、約２０００戸供給する事業が進められている。２０００万円で、一戸建てもしくは分譲マンションが手に入るわけだから、やはり格安である。

港区でも廃校になった小中学校など、空いている公有地を利用した事業計画が２００６年から進められているが、その内容は生涯学習センターや老人ホームなどが中心だ。杉並区でも、やはり同様。民間に貸し出して、住居をつくってしまう足立区の施策がどれだけ、思い切ったものかわかる。そもそも、ここまでの施策をとることができるのも、足立区が23区でも希な土地資源を持っているからなのだが。

こうした都市計画に併せて、２００５年にはつくばエクスプレスが開業したことによって、足立区の利便性は高まり、土地の値段は右肩上がりを続けている（２００７年には地価が前年度比30％を超えた地点も存在した）。

公示地価平均の変遷

	足立区	港区	杉並区
2005	27万0535円/㎡	233万7052円/㎡	51万9921円/㎡
2006	27万7180円/㎡	267万5372円/㎡	52万7019円/㎡
2007	32万0500円/㎡	341万0133円/㎡	57万4615円/㎡
2008	34万6513円/㎡	414万3737円/㎡	63万5192円/㎡
2009	33万9081円/㎡	359万2903円/㎡	56万8547円/㎡
2010	32万9280円/㎡	301万5516円/㎡	52万5245円/㎡
2011	32万5921円/㎡	284万9032円/㎡	52万2259円/㎡
2012	32万6240円/㎡	274万6854円/㎡	51万6345円/㎡
2013	32万5087円/㎡	265万5030円/㎡	51万6338円/㎡
2014	32万9728円/㎡	278万5646円/㎡	52万2803円/㎡
2015	33万2548円/㎡	293万6484円/㎡	53万5909円/㎡
2016	31万9233円/㎡	293万9113円/㎡	53万2611円/㎡

国土交通省発表値より作成

某所で見かけた張り紙。どこまで真実かは不明だが、これが発見した中での最安値。だが３Ｋはちょぃ狭い

少し幹線道路から外れれば、空き地も多い。今後の発展を考えて移住するなら、いまが一番の買い時かも

いつまでも安くはない足立区？

さて、ここまでお読みいただいたのが２００７年時点での状況。２００７年といえば、ご存じの通りリーマン・ショックの直前だ。世界を覆った同時不況によって、足立区の住環境はどのような影響を受けたのだろうか。

結論からお話しすると、足立区はリーマン・ショックの影響を「ほとんど受けていない」のである。少なくとも地価・家賃においてはだ。東京の地価はバブル期の１９９０年代初頭の１平米約２５０万円をピークに急落。２０００年頃には約４分の１の１平米60万円程度になってしまう。しかし、足立区は違う。バブル絶頂期でも88万円、２０００年で約30万円だ。他が４分の１なのに、足立区は３分の１で済んだのである。さらに、ようやくバブル崩壊の傷が癒えたかと思われた２００８年頃も、東京都平均の地価は１００万円台に到達していたが足立区は35万円ライン。リーマン・ショック後、東京都平均は80万円ラインまで後退したが、足立区はずっと32～33万円代をウロウロ。もう全然変化していないのである。足立区の土地ってのは、安いから資産価値という意味では低いかもしれないが、暴落のしづらい、安定した価値のあるものだということが、再度確認された形だ。

が、そんな安定性はいつまで保てるのだろうか。鉄道網の充実とマンション開発。足立区の利便性は実際大きく向上している。それでいて「今安い」。先に紹介した賃貸マンションの家賃傾向では広い家ほどお得感があったわけだが、これは多くの人が「足立区の本当の便利さ」に気付いていないからなのではないだろうか。そう考えると、いずれやってくる「今人気のあるエリアがおよそ埋まってしまった」後に、足立区の地価やマンション価格が急騰することだってあり得るわけだ。

つまり、足立区で不動産を買う上で、お得感があるのはそろそろ最後かもしれない。これまでの推移を見る分には、今も足立区の地価は「最安値」あたり。足立区の発達具合からすれば、下がるより上がる可能性の方が高そうだ。土地やマンションの購入を考えている人は、その候補地に足立区を含めておいて、決して損をすることはないのではないだろうか。ただし、いずれ現在のマンション価格の高騰は崩壊すると予測されているので、それを待つのもアリだな。

（凶悪）犯罪が少ない！　小リスクの存在は大リスクの回避につながる!?

足立区はやたらと危なそうにみえるけど

２００５年の警視庁統計によると、足立区内で発生した犯罪は、総計1万３６４９件。港区７８４９件、杉並区８６８８件と比べると格段に多い数字。23区最多である。

このようなデータに示されるように足立区＝治安が悪いというイメージは根強くて、ビンボー以外で足立区がネタになるといったら、暴走族とかヤンキーとか……。ともかく、黒に近い灰色イメージが強い。

が、その内実を見てみると……。

件数は多いが凶悪犯罪は少ない

法律上、凶悪犯と呼ばれるのは、殺人・強盗・放火・強姦の4種類である。で、この発生件数を比べてみると、殺人は、足立区が4件、港区も4件、杉並区も4件と横並び。犯罪全体の中の比率を出してみると、足立区は0・03％なのに対して、港区と杉並区はいずれも0・05％。つまり、足立区でも、港区でも、杉並区でも殺人事件に遭遇する可能性は、あんまり変わらないどころか、港区や杉並区のほうが高いのだ。

つづいて、強盗。こちらは足立区が36件で0・26％、港区が22件で0・28％、杉並区は22件で0・25％。犯罪のうち、強盗が占める割合は港区のほうが上をいっているのだ。

さらに、強姦も足立区が9件で、0・07％なのに対して港区は15件で0・19％、杉並区は3件で0・03％である。女性にしてみれば、港区のほうが、よっぽど危険な街なわけである。

そんな足立区で多いのは放火で11件発生し、0・08％、港区はゼロ、杉並区は5件で0・06％となる。なるほど、新聞などの足立区ローカル面で「また不審火」という記事が多いような気がするのは、単なるイメージだけではないようだ。

さらにほかの犯罪に目を向けてみると、暴行では足立区が181件で1・33％、傷害は208件で、1・52％。港区では、暴行が286件で3・64％、傷害が280件で3・57％。杉並区は暴行が123件で1・42％、傷害が117件で1・35％である。つまり、港区は足立区よりも、とんでもないブロンクスなのだ。

おまけに、詐欺や横領、偽造といった知能犯も港区が足立区を凌駕している。詐欺は足立区が569件で4・17％、港区は580件で7・39％、杉並区は477件で5・49％だ。統計の数値には、反映されていないが、一口に詐欺といっても寸借詐欺から企業犯罪まであるわけで、港区では後者のほうが圧倒的な様子。さらに、横領は足立区が7件、0・05％、港区は18件で1・44％、杉並区は8件で0・09％だ。どうやら、レジの管理を任せておいても安心なのは足立区のほうらしい。さらに、偽造は足立区が81件で0・59％、港区は113件で1・44%、杉並区は65件で0・75%だ。ううむ、人を騙してカネを取るあくどさは、港区のほうが格段に上だ。

かる〜い犯罪はやっぱりかなり多かった

それでは、足立区の犯罪件数をアップさせているのがなにかというと、窃盗である。

まず、空き巣・泥棒をはじめとする侵入窃盗は足立区が886件で6・49%、港区は610件で7・77%、杉並区は1278件で14・71%だ。さらに、かっぱらいや自動車泥棒など非侵入窃盗は、足立区が8972件で65・73%と、犯罪の大半が実はコソドロだということを示す結果に。こちらは、港区が4675件で59・56%、杉並区が5007件で57・63%だ。

さらに、この非侵入窃盗の中から、自動車・オートバイねらいはというと、足立区ではうち4422件で、総発生件数の32・4%を占める。港区では966件で12・31%、杉並区では2683件で30・88%。どうやら、住宅地ほど、乗り物は盗まれやすい様子。

また、自転車はこれとは別に数値が挙げられているが、足立区では、739件で5・41％。港区では370件で4・71％。杉並区では551件で6・34％となる。

それでは、自動車やオートバイ、自転車が盗まれたうち、どのくらいが持ち主の手元に戻ってくるのか。

足立区での被害、4422件のうち、回復件数は31・37％、港区では966件のうち256件で25・5％、杉並区では、2683件のうち20・98％だ。

つまり、足立区では「ちょっとそこまで」と、足がわりに他人の自転車やオートバイを拝借する、軽い気持ちの犯罪が多いということ。だから、発見される可能性も高いわけだ（回復率とは、盗まれた車両が置き去りになっているのが見つかり、被害者の手元に戻ったものなどを指す）。それに比べて、港区や杉並区では、最初から盗んで転売するなり、車両そのものが目当て、なんて物騒な地域なのだろう。

いや、足立区にも物騒なところがあるのは事実で、器物損壊の件数は1579件で11・57%、港区は557件で7・1%、杉並区は719件で8・28%。足立区には、破壊衝動を呼び起こすなにかが、存在しているのだろうか……。

と、足立区は器物損壊に限らず、少々、体育会系な犯罪が多め。脅迫は21件で0・15%、恐喝が67件で0・49%。港区では脅迫が11件で0・14%、恐喝が38件で0・48%、杉並区は脅迫が9件で0・1%、恐喝が37件で0・43%となっている。

この、足立区の体育会系的な雰囲気は、酒の時に発揮されるのか、保護された泥酔者の数から、そのことがわかる。足立区では、540人に対して、港区は370人、杉並区は257人である。

つまり、足立区は総計を見る限りは犯罪が多発しているのだが、実際に犯罪で肉体的被害を被る可能性は、港区のほうが高くて危険なように見える。

それでは、人口比における犯罪のパーセンテージを述べてみると、足立区は2・19%、港区は4・59%、杉並区は3・13%となる。つまり、100人あたりの犯罪に遭遇する人の数は足立区が2人、港区が5人、杉並区が3人ということだ。なんだか、足立区がよっぽど安全な街に思えてくる。

さらに足立区と杉並区では、犯罪種別のうち発生率が同程度のものも多いこともわかる。そんな足立区と杉並区の共通項はといえば、やはり住宅地が多いということが挙げられるだろう。こうみてくると、足立区=犯罪が多くて危険ということにはならない。せいぜい「空き巣や酔っぱらいが多くて、ちょっと物騒かなあ」くらいなのが正常な感覚ではないだろうか。それに比べて、港区は人を騙すヤツはいるわ、暴力をふるうヤツはいるわで、とても住めたものではないだろう。

そこで、足立区の内部での犯罪の発生地域がどのように分布しているのか見てみた。

警察署別に分類してみると、千住署管内は1521件、西新井署管内が4320件、竹の塚署管内が3715件、綾瀬署管内が4093件という数字になっている。

足立区の中でも犯罪が多いのは繁華街ではなく、住宅地なのだ。

そんな足立区だが、なぜか家出人は多発地帯。東京都で捜索願いが出された5451人のうち、7・39％にあたる432人が足立区。港区は78人、杉並区は187人だ。

これだけ見ると、足立区が圧倒的に多い印象を受けるのだが、人口比で見てみると足立区が0・069％、港区は0・4％、杉並区が0・067％と、犯罪と同じく、そもそもの人口が多いから、数も多いとみるべきだろう。

どうだろう。これまで犯罪発生件数という数値に惑わされていたが、足立区は実は安全な街なのだ。

ただし、空き巣やかっぱらい、自転車泥棒は多いわけだから、カギはいいものを使ったほうがよさそうだ。

2005 刑法犯の罪種別認知件数（警察署別）

署	総数	凶悪犯				粗暴犯		
		殺人	強盗	放火	強姦	暴行	傷害・傷害致死	脅迫・恐喝
東京都総数	253,912	125	733	186	231	4,645	8,685	1,777
港区	7,849	4	22		15	286	566	49
杉並区	8,688	4	22	5	3	123	240	46
足立区	13,649	4	32	11	10	181	389	88
千住	1,521	--	2	1	1	32	57	7
西新井	4,320	2	14	1	3	46	110	32
竹の塚	3,715	2	8	5	3	52	113	27
綾瀬	4,093	--	8	4	3	51	109	22

署	窃盗	知能犯	風俗犯		その他刑法犯
			賭博	わいせつ	
東京都総数	181,724	14,110	66	1,575	62,105
港区	5,285	713	4	52	1,507
杉並区	6,285	550	6	58	2,020
足立区	9,858	657	3	70	3,263
千住	1,079	104	--	19	382
西新井	3,165	180	--	24	1,025
竹の塚	2,637	182	1	12	871
綾瀬	2,977	191	2	15	985

警察庁の統計より（平成17年度版）

2014 刑法犯の罪種別認知件数（警察署別）

署	総数	凶悪犯				粗暴犯		
		殺人	強盗	放火	強姦	暴行	傷害・傷害致死	脅迫・恐喝
東京都総数	160,120	127	491	96	193	4,572	3,309	962
港区	4,878	6	17	5	16	295	261	52
杉並区	5,266	1	17	4	3	120	73	35
足立区	7,582	6	21	6	10	185	184	60
千住	788	-	2	1	2	34	20	5
西新井	2,752	5	10	-	4	55	55	23
竹の塚	1,855	-	2	1	2	39	49	10
綾瀬	2,187	1	7	4	2	57	60	22

署	窃盗	知能犯	風俗犯		その他刑法犯
			賭博	わいせつ	
東京都総数	117,250	8,010	21	1,373	28,343
港区	3,051	373	1	31	896
杉並区	3,889	333	-	43	895
足立区	5,498	328	2	92	1,356
千住	555	30	-	17	148
西新井	1,986	120	-	45	502
竹の塚	1,395	69	-	16	311
綾瀬	1,562	109	2	14	395

警察庁の統計より（平成27年度版）

乗り物盗被害回復状況（警察署別）

署	認知件数		回復件数		回復率（%）	
	2005	2015	2005	2015	2005	2015
総数	72,961	59,649	19,508	20,391	26.7%	34.2%
愛宕	155	112	60	23	38.7%	20.5%
三田	226	167	79	63	35.0%	37.7%
高輪	179	159	38	42	21.2%	26.4%
麻布	250	212	22	30	8.8%	14.2%
赤坂	156	153	57	25	36.5%	16.3%
港区	966	803	256	183	26.5%	22.8%
杉並	1,114	666	130	215	11.7%	32.3%
高井戸	755	778	194	299	25.7%	38.4%
荻窪	814	704	239	321	29.4%	45.6%
杉並区	2,683	2148	563	835	21.0%	38.9%
千住	399	219	120	102	30.1%	46.6%
西新井	1,389	1,038	378	366	27.2%	35.3%
竹の塚	1,170	755	352	293	30.1%	38.8%
綾瀬	1,464	822	537	165	36.7%	20.1%
足立区	4,422	2,834	1,387	926	31.4%	32.7%

注１：乗り物盗とは、自動車、オートバイ、自転車等の乗り物を狙った窃盗をいう。
注２：解決による回復とは、例えば盗まれたと思った自転車が、実は区役所により放置自転車として撤去されたものであることが判明して、後日被害届出者の手元に戻ったような場合などをいう。
注３：被害回復による回復とは、検挙及び解決以外の回復をいう。例えば、盗まれた自転車が置き去りにされているところを発見され、被害届出者の手元に返還されたような場合である。

足立区の安全性は低下している？

犯罪の件数は多いが、そのほとんどがチャリ泥で、案外安全だった足立区。なのだが、これが足立区の発展と反比例しておかしくなってきている。

前の頁に、犯罪の認知数や乗り物盗のデータを掲載したが、これをみると２０１０年代にかなりの変化が起きていることがわかる。まず目立つのが犯罪発生数の大幅な低下。しかし、足立区においては単純に歓迎できることでもない。まず、認知件数が１万３０００以上から７５００に減ってはいるが、殺人などの凶悪犯罪数は以前の水準をキープ。割合としては増えている。窃盗も大幅に減ってはいるが、乗り物盗も大削減。つまり、減ったのはショボい犯罪だけなのだ。住民全体のモラルは大幅に向上したが、元々あった危険な要素はそのままキープされている状態なのだろうか。元々、足立区は少々の犯罪にあっても「まあ別にいいか」なものだったわけだが、今後は他の地域なみに「滅多にやられないが犯罪に巻き込まれるとひどい目に」な土地になっていくのかもしれない。

消防が優秀！よく燃えるがすぐ消える!!

やたらと火事の多い足立区

人口密集地帯の足立区。人がゴチャゴチャと住んでいるということは、それぞれの家が夕飯時になると天ぷらを揚げたり、みそ汁をつくったりと、火を使うことは多いわけだ。火を使う回数が多いということは、確率論的観点から見ても、火事になる可能性が高くなるのは当然だ。とはいっても、足立区ですごく火事が多いという風聞は、あまり聞こえてこない。犯罪の項目では、放火が多発し、２００７年にも、団地でオートバイやらゴミやらが燃える事件が発生している（そもそも、東京消防庁によれば、火災の原因は「放火」・「たばこ」・「ガスコンロ」が常にベスト3とのこと）。

地元では「またか」という思いも強いようだけど、ケーサツは未だに犯人をタイホできていない様子。それでは、そんな警察に対して、消防それに救急は足立区に安心感を与えてくれるのか？　早速調査を始めて見た。

かなりがんばっている足立区の消防署

東京消防庁が発表した統計によれば、2005年に足立区で発生した火災数は418件である。港区は180件、杉並区は232件だから回数にしてみれば圧倒的に多い。もちろん、回数だけではなくて燃えてる面積が大きくて、焼損面積は3342平方メートル。つまり足立区の総面積のうち、0・63％が火事にあったという結果になるわけだ。じゃあ、港区はというと307平方メートルで0・15％、杉並区は981平方メートルで0・29％という数値になる。

で、足立区は回数が多いわけだから、燃えている面積もやたらと多い。それは別段不思議なことではない。

ところが、この火災の内訳を見ると実は足立区の消防は、けっこう頑張っているんじゃないかな？　と思えてくるデータが現れるのだ。

それは、火災の中の詳細なデータ。

足立区では、全焼した火事が15件なのに対して港区は26件の火事で、全焼になってしまっているのだ。ちなみに杉並区は全焼4件。

ということは、たとえ火がついたとしても何とか全焼はさせずに鎮火するように努力する足立区に対して、港区は「どーしちゃってるの？」といった感じ…。まさか、江戸の町火消しヨロシク、消火活動＝建物破壊ということなんじゃないよね？

それでは、ほかの状況はどうなっとるのか？　ということで順番に見て行くと、部分焼・半焼は足立区が圧倒的に多かった。

ちなみに、消防庁の定義によれば

全焼：建物の焼き損害額が、火災前の建物の評価額の20％以上のもの又はこれ未満であっても残存部分に補修を加え再使用できないもの。

半焼：建物の焼き損害額が火災前の建物の評価額の20％以上のもので全焼に該

当しないもの。
部分焼：建物の焼き損害額が、火災前の建物の評価額の20％未満のものでぼやに該当しないもの。
ぼや：建物の焼き損害額が火災前の建物の評価額の10％未満であり焼損床面積が1平方メートル未満のもの。建物の焼き損害額が火災前の建物の評価額の10％未満であり焼損表面積が1平方メートル未満のもの。

とのこと。

で、足立区では半焼が14件で3・35％、部分焼が60件で37・08％である。港区では、半焼が2件で1・11％、部分焼が30件で16・67％。杉並区では、半焼が5件で0・43％、部分焼が26件で11・12％である。

こうしてみると、足立区の消防というのは、やっぱりすべてが燃え尽きる前になんとかしてくれる、けっして諦めないガッツのあるヤツらなんじゃあないだろうか。燃えたら一文無しだしね。

さらに、ぼやの件数を見ると、さらに地域差がむき出しに。

足立区では155件で37・08％、港区では96件で53・33％、杉並区では

109件で46・98％という結果になっているのだ。

ここから察するに、実は、足立区は防火への意識が高いのじゃないか、と思うのである。ぼやが少ないということは、普段から火の取り扱いに十分注意を払っているということだし、全焼が少ないということは、それだけ消防が優秀ということ。ただ、一度燃えはじめたら、ぼやでは済まず、それなりに燃えてしまうのは、やはり第一章でも触れたとおり古い住宅や木造建築が多いという事情が、重なっているからなのだろう。まあ、それにしても、防火の意識が強いということは「火事を出したらとんでもないことになってしまう」と、災害の怖さを足立区が日頃から実感しているということなのだ。

車両火災は他区より少ない！

さて、さらに火災統計を読み進めていくと、車両火災の項目にあたる。

「オートバイと自転車11台が燃やされる」

といった新聞記事が、眼に触れる機会も多いから、足立区でもずいぶんと燃えているだろう。その回数は、31件で火災回数の7・42％だ。スラムとか貧困といった、ステレオタイプなどん底イメージのひとつに車やオートバイが街角で燃やされているというのが挙げられるけど、やっぱり足立区が、それを真実だと示しているのか…。と思いきや、港区・杉並区のデータを見て驚いた。港区の車両火災は17件だが、9・44％、杉並区は27件で11・64％となっているのである。

いやはや、実は都心部でも車両火災は結構な回数起きているものだとまず驚く。おまけに、それが1割以上を占めている杉並区は「いったい、どんな物騒な地帯なんだ？」と、恐怖してしまう。車やオートバイを、オープンエアなところに駐車して、安心できるのは、むしろ足立区ということではないだろうか。うん。

さて、優秀さを示してくれた足立区の消防事情。いったい、そのワケはというと、やはり消火栓や溜池といった消防水利が多いことにあるようだ。

足立区の消防水利は消火栓・消火水槽、溜池まで合計で8792カ所。これを面積で割ってみると、消防水利一カ所あたり、60・5平方メートルをカバーしていることになる。港区では、３４６５カ所で58・７平方メートル、杉並区では、６２８３カ所で54・１平方メートルである。ちょっと、足立区のほうがカバーしている範囲が広すぎるような気もするが、それでも数メートルの差でしかない。

では、消防署の数とカバー率はというと、足立区は12カ所で、４・４３平方キロ、港区は11カ所で１・８４平方キロ、杉並区は12カ所で２・８３平方キロである。つまり、足立区は少々、防災体制が貧弱ということである。にもかかわらず、数多い火災を全焼させずに止めているということは、やっぱり優秀と考えていいのではないだろうか。

じゃあ、救急のほうはどうなっているのか。カバー率は、消防署と同じわけなので、その利用回数をみてみることにする。

こちらも２００５年のデータによれば、足立区の救急車の出動回数は３万６２９６回。つまり14分に一度は救急車が出動していることになる。港区は、２万１５１７回だから、24分に一度。杉並区は、２万５６４７回で、20分に一度である。こうしてみると、足立区の救急車利用は結構多い。

ただ、その中で交通事故の内訳を見てみると、足立区が4639件で、12・78％、港区は3200件で14・87％、杉並区は1734件で6・7％という結果に。つまり、9割弱の人は自宅から救急車で搬送されているということである。

ということは、どうだろう。足立区では、救急車を呼ぶ機会が多く、信頼度が高いということではないだろうか。2006年に東京都では、救急車利用の実態について調査を行い、不必要な出動を是正する措置を検討中である。とはいえ、救急車を呼べば、必ず病院には運んでくれるわけで、貧しい足立区にとってはかけがえのない存在なのである。

警察よりも地域にとけ込んだ雰囲気で、やる気を感じさせてくれる消防署。まさかの時も安心だ

震災時の被害ワースト入り地域を多く抱える足立区。犯罪に比べて、消防に危機感を持つのも当然である

2分化される安全な足立区と危険な足立区

さて、頻発する火災を消防署の努力でなんとかしている足立区。危険度はあまり変化しておらず、東京都が5年ごとに行っている「地震に関する地域危険度測定調査」の「火災危険度上位100町丁目」によると、1位が千住柳町、2位が柳原2丁目と足立区がワンツーフィニッシュ。100位以内に31エリアも入っており、相変わらず都内有数の火災危険地域である。しかし、実は足立区の火災危険エリアは千住、綾瀬、新井エリアのみで、それ以外のエリアは東京の住宅地の中では相当に安全だとされているのだ。つまり、現在マンション開発が進んでいるつくばエクスプレス、日暮里・舎人ライナー沿線に人口が増えてくると「火災に弱い足立区」ではなくなってくる。これは、街作りの手順として考えると悪くない。このペースで「安全地帯」に一旦人口が集中し、千住などが軽く寂れてくれると開発がしやすくなる。もちろん実際はそう簡単な話ではないが、足立区の火災対策は、自然な流れで達成されるのかもしれない。

公園が多い！「都会のイナカ」テイストで暮らしやすさアップ

足立区は健康的に暮らせる街!?

都市の環境問題を語る上で、基準となる数値に「緑被率」がある。これは、土地の面積の中での、樹木や草で被われた土地割合を示したもので、23区ではビルの屋上に樹木を植えさせる「屋上緑化」という手段を使ってまで、この比率を上げることに熱心である。

それでは、足立区の緑被率はどうか。23区の中でも郊外型と呼べる地域であるし、かなり高そうな気がするのだが……。

緑の整備で他を圧倒する足立区

東京都のデータによれば、緑被率は16・3％。港区が18・99％、杉並区が20・91％だから、足立区には緑に覆われた土地が、かなり少ないということになる。さらに、樹木で覆われた土地の割合を示す樹木被覆率は、足立区は、7・7％。港区は、15・11％、杉並区は14・0％だから、ほとんど緑がないということになってしまう。

ところが、である。この数値にはカラクリがあって、先に述べたようにビルの屋上とか、上空からでなければみることのできないような緑も数値として計算されているのである。いくら、緑があるとはいっても、それが普段、ふれ合うことのできないものならば、まったく環境改善の役には立っていない。

普段から人の生活に潤いを与えてくれる緑の数からすれば、足立区は、港区・杉並区を圧倒しているのだ。

まず、区が管理する道路沿いに植えられた街路樹の本数が、足立区は2万2457本。これに対して港区は4286本、杉並区は5860本と足立区の4分の1以下。さらに、農地の面積はといえば、もはや数少なくなったとはいっても足立区は2897・12ヘクタールで、区の面積の3・62%を農地が占めているのだ。港区はといえば、ゼロ。農地はまったく存在しない（そもそも、江戸時代から存在しないのかも、しれないのだが）。東京都によれば、環状7号道路より内側に、農地は存在しないことになっているのである。ちなみに、杉並区では3402ヘクタールの農地が存在する。

このように、普段の生活の中で触れることのできる緑の量は、足立区が圧倒的に多い。足立区ではこうした環境整備の中で独自に「緑視率」という用語を使い、「緑のビューポイント」の向上を進めている。具体的には、区内200カ所の交差点での緑視率を10・8%から15・8%まで引き上げることと、河川における緑視率を現状のまま維持することが、事業として進められているのだ。これは、ほかの区ではいっさい行われていない施策である。

さらに、足立区では緑被率の向上にも積極的で将来的には区域面積の4分の1にあたる25%にまで緑被率を高めることを計画している。これは、ほかの区では絶対に真似することのできない計画である。

と、いうのは足立区が緑被率を向上させる手段として、利用しているのが公園整備だから。足立区の広大な土地という資産は、環境改善の面でも役立とうとしているのだ。

それでは、そんな公園の事情は、いったいどうなっているのか？

各区の地図を眺めて見ると、一目瞭然だが足立区には公園が多い。それも、種類は豊富で都市型の広大な公園もあれば住宅地のわずかな隙間にも公園をつくりだしている。そんな足立区の公園面積は、約２３４万４９１１平方メートル。港区が１２９万６７４４平方メートル、杉並区が１０４万８１６７平方メートルだから、とにかく広大な公園用地が確保されているのだ。公園数では、足立区が３５４カ所、港区が52カ所、杉並区が３０２カ所と数でもやはり、最多を誇っている。

それにしても、これだけ多くの公園が確保できているのに、緑被率が低いのは何故なのか？　と思ってしまうが、その理由は足立区の広さと人口の多さにある。

公園面積を、区民一人あたりに割り振ると、足立区は約３・７５平方メートル。

港区は約7・58平方メートル、杉並区は約3・77平方メートルとなる。どうだろう。足立区には確かに公園が数多く存在する。しかし、現状では、まだまだその数は不足しているのだ。

足立区住民は公園が好き！

さらに、足立区がまだまだ公園を必要とする理由には、妙な公園好きという地域性が挙げられるだろう。

足立区が2007年に行ったアンケートによれば足立区の公園使用頻度は、ほとんど毎日利用していると回答した人が11・4％を占めた。これが港区になると4・7％となる（杉並区に至っては、公園利用に関する調査をまったく行っておらず、「公園でペットは共生できるのか？」といった、ベクトルの違うアンケートが行われていた）。

さらに、足立区では利用しないという回答が16・6％なのに対し、港区では40・5％を占める。

港区では、広大な公園用地があるにもかかわらず、ほとんどの人が利用していないのだ。そのせいか、足立区の公園に行ってみると、平日にもかかわらず、家族が犬を散歩させていたり、フリスビーで遊んでいたりと、なんとなくほんわかしたイメージが漂っているのに対し、港区の公園には殺伐さが漂う。公園にいるのは、昼休みに煙草をふかしている疲れたサラリーマンの姿が多い。港区の中でも下町臭い、麻布十番の公園に行ってみると、たかだか近所の公園だというのに、無理して着飾ったママたちが、子供を遊ばしていたりして、何だか息苦しささえ感じる。

それに対して、足立区の公園が、ガランとしてはいるけど、なんとなく落ち着く感じがするのは、いったいなぜなのだろうか？　これには、やはり足立区では、公園が一種の聖域として機能しているからではないかと思われる。

アンケートによると、足立区では公園で危険を感じることがあると答えた人が5・7％、これに対して港区は6％。うーん、足立区のほうが犯罪が多いハズなのだが、あんまり危険を感じてないということは、足立区の公園好きを現しているのじゃないだろうか。そもそも、足立区には一口に公園といっても様々

公園面積と、一人あたり面積

	公園面積	総数	一人あたり面積
港区	1296744	52	7.58458452
杉並区	1048167.39	302	3.779236233
足立区	2344911.39	354	3.755289056

（単位：平方メートル）各区の統計より算出

な形態があるのも魅力なわけで、ちょっと足を伸ばせば、舎人公園や、荒川河川敷といった広い公園に行くこともできるし、ビルの谷間に埋もれた空の広さを味わうことは確実だ。

さらに、公園の利用目的として、遊び場と回答した人が足立区では、45・9％なのに対して、港区では29・2％と格段に差がついてしまう。とすると港区の子供たちは、いったいどこで遊んでいるのやら…。

さらにいえば、足立区の公園には必ずといってよいほど、公衆トイレがちゃんと整備されている。おまけに、掃除も行き届いていて、トイレの中にちゃんと掃除当番表が掲げられている地域もあるほどだ。

そのためなのか、公園利用の目的でトイレという回答が足立区では17・1％もいるんだから、足立区では、いつどこでトイレに行きたくなっても安心だ。これに対して港区はトイレ利用が11・7％。ウンと差をつけられたというところか。

場所によっては、区画ごとに必ず整備されている公園。空いている土地はとりあえず公園化しているようだ

公園の機能として期待されるのは、憩いの場としてよりも災害時の一時避難場所が考えられているようだ

住民サービスはマル！安い公共サービスで生活が充実!!

やたらと多い図書館は座席も多い

『希望格差社会』で知られる、山田昌弘・東京学芸大学教授によれば、親が本を読む習慣のない家庭では子供の学力が低いといわれる。当たり前のことであるが、親に教養がなければ、子供が「自分はバカである」と気づくことすらできないよい見本ということである。

先に述べたように、足立区の学力は絶望的なまでに低い。多少回復してきたとはいっても、まだまだ暗闇に豆電球が灯っている程度の希望でしかない。

学力は最低だが図書館は充実しているぞ

そんな学力絶望地帯足立区。やっぱり、あまり本を読む習慣のない地域なのだろうか。

ところが、である。足立区の図書館数は16館。港区は６館、杉並区は12館。足立区は、23区中第３位にランクインする数字である。これを単純に区の面積で割ってみれば、約３・３３平方キロになるから、自転車で10分も走れば、必ずどこかしらの図書館にたどり着くことができるということ。個人が本を読むか読まないかは別として、とりあえずは、ソノ気になれば読書することができる地域であることは疑いないだろう。なお、図書館密度を比較してみると港区では２・９１平方キロ、杉並区では２・１３平方キロとなる。こうしてみると、少々足立区が不利のような気もするのだが、それでも足立区の図書館には幾分か利がある。

まず、貸し出し期間。足立区の図書館では貸し出し日の14開館日後までとなっている。これは、23区でもちょっと特殊な期間設定だ。足立区では、図書館は最低月2回休館となっており、さらに一部の図書館ではこれに加えて毎週月曜休館だったりするから、単に「貸し出し期間2週間」と設定する区よりも、やや長めに借りることができる。いったい、なんでこんな特殊な設定を行っているのかと想像してみた。これはやはり、返却期限通りに本を返さない区民が多いのではなかろうか。と、考えれば、この特殊な貸し出し期間が設定されている理由が理解できるだろう。一方、港区・杉並区は共に貸し出し期間は14日。これは都内でも標準の期間設定である。

さらに、足立区がやや長めの貸し出し期間を設定している理由はいったいなんだろうか。それは、貸し出し冊数も関わっているのではないかと考えられる。足立区では一度に20冊まで借りることが可能。港区・杉並区は共に10冊までだ。貸し出し冊数が多いのだから、貸し出し期間が長めに設定されているのは、当たり前である。忙しくてなかなか本を読む暇もないだろうという前提で、こういったサービスになっていることは、想像に難くない。

さらに、足立区の中でも足立区中央図書館は23区の区立図書館でももっとも多い、58万2594点の蔵書を数える。これに次ぐのが杉並区の55万5278点である。一方、港区はというと、みなと図書館の19万8421点が最高とかなりショボい。一応、港区には東京都立中央図書館という大規模図書館が存在しているのだが、こちらは貸し出し不可な挙げ句に、コピーを頼むと30分あまり待たされる資料収集がメインの図書館だ。

ということは、アレだ。足立区では本は買わずとも図書館で読むことができるのだが、港区では図書館はまったく使えない存在。まあ、金持ち住民の多い港区だと、わざわざ図書館で借りなくとも、買えばよいのだろうけど…。

なお、足立区と港区では貸し出し冊数の多い図書のランキングを公開しているのだが、ここから、さらに地域差が見えてきた。

2007年4月末のランキングで、一位に輝いているのは足立区では内田康夫『上海迷宮』。港区では『ハリー・ポッターと謎のプリンス』である。ちなみに『上海迷宮』は1785円。『ハリー・ポッター』は上下巻セットで3990円である。「買えよ！」というべきなのか、それとも買うほどの内容でもないのか。なによりも、ベストセラー入りしている『ハリー・ポッター』に対して『上海迷宮』が足立区ローカルで人気を呼んでいる理由が謎だ。

さらに、順位をみてゆくと足立区では『富士山自然大図鑑』・『絵でみる富士山大地図』と、富士山関連の書籍が数多くランクインし、妙なローカルブームが存在していることがわかる。それに対して、港区のランキングは『東京タワー』・『生協の白石さん』と、当たり前すぎる。『さおだけ屋はなぜ潰れないのか』に至っては新刊でも735円、「買えよ！」と思ってしまう（金持ちぶっても実は意外にケチだね）。

福利厚生の取り組みはほぼ100点満点？

さて、足立区で充実しているのは図書館だけかといえば、そんなことはない。ビンボー暇なしで働く足立区民のために、行政サービスが力を入れているのが学童保育である。

足立区では、学童保育を行っている施設の数が88カ所。港区は16カ所、杉並区は47カ所。これを、対学校比率にしてみると足立区は108%、港区は79%、杉並区は107%となる。うむ、これだけ充実しているのなら足立区では安心して共働きが…と、思いきや、地域に偏りがあるために、まだ待機児童の問題が残っているのだとか。充実した行政サービスというのは難しい。とはいっても、足立区のサービスはなかなかのもので、月額保育料は、わずか1600円のみ。港区ではおやつ代名目で2000円、杉並区では保育料3000円で、さらにおやつ代1600円と、けっこうな出費に。

それにしても、足立区がなんでこんなに安価なのかというと、ボランティアや地域コミュニティとの関係性が強いからだと考えられる。ボランティアは有償で時給800円程度を支給、さらに商店街の空き店舗を保育施設に使ったりと、なるべくカネのかからない施策が行われているのである。

さて、こうした福利厚生だけでなく、公営施設が充実しているのも足立区のイイところ。まず、やたらと多いのが野球場。区が管理運営する野球場が区内に13カ所も存在しているのだ。港区は3カ所、杉並区は1カ所。数多いのは野球場だけではなくて、テニスコートは6カ所、体育館は10カ所。さらにプールは、6カ所設置されている。港区は、テニスコートが3カ所、体育館が2カ所、プールが1カ所。杉並区はテニスコートが3カ所、体育館が6カ所、プールが

6カ所である。とにかく、足立区にはやたらと運動できる公営施設が存在しているのだ。

これは、あくまで公営施設なので民営の施設を加えたら数値の逆転が見られる。とはいっても、公営施設の利点は、格安で利用できることに尽きる。「高くてもサービスよければいいじゃん」という金持ち論理は足立区では通用しない。都会に住んでいると、スポーツをはじめるにしても、いちいち格好いいスポーツウェアを買ったり、スポーツクラブに登録したりと、なにかと出費がかさんでしまうのが現実だ。しかし、足立区では、高い会費を払ってスポーツクラブに通わなくても、ごくごく気軽にスポーツを楽しめる。そういった施設も税金で賄われているわけだから、利用した分だけトクした気になるのは、間違いないだろう。

もちろん、文化施設も足立区では盛りだくさん。たとえば、児童館は50カ所、港区は13カ所、杉並区は41カ所だからこちらも数は膨大。面積で割ってみると、足立区が10・64平方キロ、港区は15・6平方キロ、杉並区は8・2キロに必ず一カ所、存在していることになる。

各区図書館データ

	館数	総床面積（㎡）	登録者数（人）	うち児童（人）
足立区	16	19861	201913	31917
港区	6	14773	123103	5717
杉並区	12	18210	115066	20726
	図書総数（冊）	児童資料（冊）	座席数（席）	年間開館日数（日）
足立区	1684550	472718	1512	5099
港区	825083	113141	623	1743
杉並区	2044327	528216	580	3749

東京都立図書館「東京都公立図書館調査平成18年度」より

地域センターの数も足立区は14カ所、港区は5カ所、杉並区は7カ所と、足立区は圧倒的な数だ。

※　※　※

2016年現在、足立区の図書館は多少形を変えており、図書館15館にコミュニティ図書館2館とあだち産業センター内産業情報室など専門図書館の組み合わせになっている。蔵書量などはほぼ同じなので、規模としては大体同じ。江北、東和の2館で改修工事が行われるなど、足立区の「図書館充実度」は変わらずに高いままだ。蔵書量では23区中4位。トップの杉並区には大差があるが、3位入賞は目前。ガンバレ足立区！

地域コミュニティの発達はまずまずの段階 ヨソには負けない？

地域密着度は非常に高い

住み心地や利便性では、なにかと下位にランキングされがちな足立区。ここまで見てきた通り、かなり充実していると思うのだが……。

そんな足立区のウリのひとつに下町っぽさもあるのだが、地域コミュニティの充実度でも、やはり下位にランキングされがちである。

でも、ホントにそうなのか？　23区でもほかの地域に比べれば、江戸時代そのままのコミュニティが残っているようなイメージなのだが……。

イメージで損してる！　それなりには発達しているぞ

足立区と港区、杉並区の世論調査の地域コミュニティの充実度を探ってみることにする。

まず、足立区の基本データとして２００７年に発表された区民への世論調査結果を示してみる。これによると、前年より５ポイント下降したものの、足立区民の79・８％が暮らしやすいと感じている。さらに、暮らしやすいと答えた理由のうち26・８％は、近所の人間関係がよいという結果である。さらに、23区の中ではとてつもなく治安が悪いはずなのだが、治安がよいとの回答も10・９％と一割を越えている。そして、区政への参加意向を持っているとの回答は、58・４％とこちらは過半数を超えている。地域のイベントに参加したことがあるかとの問いでは「特にない」が60・１％。逆に参加したとの回答では、「町会や自治会、老人会、子ども会、ＰＴＡなどの活動」が23・５％で最多。今後参加を考えているとの回答でも、「町会・自治会の運営に関する活動」が12・９％である。だが、「特にない」との回答も42・０％存在する。

続いて、港区。こちらは２００５年に発表した世論調査である。いきなりだが、「暮らしやすさ」の項目はないところが、港区の特徴を示しているともいえる。その上で、区外への転出理由をやたらと熱心に調査していたりする。これによれば、転出理由は地代家賃が高くなったが31％を占め、次いで環境が悪くなったが29・８％と２大要素を形成している。さらに、地域コミュニティが希薄になったと、子供の教育環境の悪化が共に10・７％と高い数値を示しているのが特徴的だ。また、区政への関心がある人は68・６％と高い数値を示しているが、区長の名前を知っているとの回答は48・１％。はっきりいってやる気を疑う。コミュニティ活動への参加項目では、いずれにも参加していないとの回答が54・8％で過半数を超える。また、参加していると回答したうちの21・２％は町会・自治活動である。

では、杉並区。こちらは２００６年10月に発表された「第38回杉並区区民意向調査」なるものがある。これによると、杉並区を住みよいと答えたのは93・4％。うち、もっとも高い理由は交通の便で57・２％。その一方で、隣近所との人間関係をあげたのは16・３％である。また、区政への参加意向という項目がないのが杉並区の特徴だ。参加意向など飛ばして「夕方のチャイムをならすべきか」という参加していることを前提にした項目が目立っている。

こんな具合で、足立区が特に地域コミュニティが未発達ではないことがわかってきた。確かに杉並区に比べれば、その差は歴然としたものだろう。だが、やたらと区政にもの申したり、市民意識の高い杉並区は日本全土の中でも一種異様である。そもそも、暮らしやすいが9割を突破しているなんて、アンケートに答えた人に偏りがあるのではないかと思ってしまうが、いかがだろうか。とりあえず、町内会程度に参加している、もしくは参加する意志はあるくらいが適当だと思うのだが…。参考のために、各区の直近の区議会議員選挙の投票率を示してみる。足立区では2004年の投票率47・08％。港区では、2007年の36・3％。杉並区では同じく2007年で、42・1％である。暮らしやすさを実感しようがしまいが、積極的に地域に関わろうとする人の数は、どこでもあまり変わらない。

消防都市足立区？　民間火消しが充実!!

さらに、足立区は実は地域コミュニティが充実しているのではないかと思われるのが、消防団の充実ぶり。昨今、全国的に人手不足が話題になっている消防団。ところが足立区では、定員1260人に対して、現員1151名。充足度は91・35％になる。港区は定員580人に対して504人で86・9％。杉並区は、定員750人に対して644人で85・87％である。なるほど、火事が多いという現実的な理由もあるのだろうけど、足立区のほうがちゃんとコミュニティの中で役立つ活動をしているんじゃないかと思う。夕方のチャイムをいちいち議論している場合か！　杉並区よ。

さらにいえば、足立区の地域コミュニティは、災害関係に限ってはどこよりも熱心な様子。これは、やはりかつては水害に悩まされ、現在でも大地震の際の危険度が高い地域が多いことが影響しているのだろう。

それでは、ほかのNPO・ボランティアの状況を見てみることにする。足立区で、行政が認証しているNPO団体の数は73団体。ほか任意団体が31団体存在する。これを活動分野別にしてみると、福祉・健康・子育ての分野で38・46％を占める。

次いで、教育・文化・芸術・スポーツが、18・27％、まちづくり・環境が15・38％と続く。こうした活動を支援するために足立区NPO活動支援センターが開設されているが、ホームページもなく、活動は低調だ。

続いて港区には、NPO団体が282団体。ただし、港区に本部を置いているが活動は他地域の団体も含まれる。こちらも、上位3位は変わらず福祉・健康・子育てが、36・72％、教育・文化・芸術・スポーツが、25・78％。まちづくり・環境が15・63％となる。港区では廃校になった学校をNPOの活動場所として提供する施策も行っているが、区独自の窓口は用意されていない。

では、市民参加先進地域のイメージのある杉並区ではというと、区が把握しているNPOは79団体。ボランティア団体については調査が行われていない。やはり、上位3位は変わらず福祉・健康・子育てが、24・93％、教育・文化・芸術・スポーツが、20・7％、まちづくり・環境が16・8％である。さすが、先進地域を自負しているだけあって、杉並ボランティア・地域福祉推進センターという施設が設置され、常にボランティアの募集なども行われている。

数値を見る限りでは、足立区も杉並区も活動している分野は変わらない。ただ、人権分野では杉並区がもっとも数値が高く、14・17%。逆に足立区はもっとも低く、10・58%となっている。これは、先に外国人の項目でも指摘したように、足立区が人権や国際交流に理解が低いのではなく、あまり意識することなく生活を営んでいるからではないかと考えられる。

足立区では、地域参加の基本方針として、区民との協働が挙げられており、特に地域の公園管理では協働事業が発展している。公園の項目で挙げた、公衆トイレが地域住民によって清掃されているのは、その一例である。また、清掃のみならず公園の花壇の管理を委託するというユニークな施策も行われている。これは、行政から補助金などは一切支給されず、草花の苗や球根も区から委託を受けた町内会などが完全に自腹で運営するシステムだ。この事業は、2007年現在、区内125カ所の公園のうち、102カ所とほとんどの公園で導入されるに至っている。地域の環境や地域住民の意識向上と地域コミュニティの醸成を図るという目的は、半ばまでは成功しているようだ。

高度成長期に流入した住民が、区民の多くを占める足立区。いまだ、地域コミュニティの確立は発展途上である。

※　　※　　※

足立区は２０１０年代に入り、マンション開発などが進み数万人の人口増をとげている。残念な話だが、この「地域コミュニティ」の項目では、この「弊害」といえるかもしれないデータが出ている。まず、90％以上の充足率を誇っていた消防団。これが激減している。２０１５年データでは、足立区の充足率は83・5％。10％に迫る減少率だ。地域活動への参加率も、２００７年で23・５％だった「町会や自治会、老人会、子供会、ＰＴＡなどの活動」が２０１５年は21・０％、２０１２年は12・７％と落ち込んでいる。

地域コミュニティへの参加率は下がっているが、「足立区に住み続けたい」「足立区を誇りに思う」の項目は年々伸びており、住民性向が「足立区は好きだが近所とはかかわらない」方向へシフトしているようだ。これはいわゆる「近代化」な流れで、つい最近まで「昭和の匂い」を濃厚に残していた足立区も、そろそろ「今風」の街になってきたということだと考えるべきだろう。

足立区の将来を自治体・住民はどうみている？

インフラ整備で発売予定の開拓地

さて、ステレオタイプなイメージに比べれば、住みやすいとも感じられる足立区。だが、ご覧の通り、地域はまだまだ発展途上というべき存在。確かに、ある程度成熟しきった23区の中にあっては、特異な地域であることは間違いない。

いまだに、広大な再開発予定地が残されていたり、区画整理が熱心に行われている足立区が構想している将来像を、港区・杉並区と比較しながら述べていこう。

具体性ばっちりの将来イメージ！

では、まず行政の考える将来像。「足立区基本構想」の基本理念は「協働で築く力強い足立区の実現」。

都市計画では、都営住宅の再構築が検討されている。ご存じの通り、23区でも最多戸数の都営住宅は老朽化・高齢化が進み、福祉関連の支出が増大する要因である。そこで、低所得者層に限らず、若年層も含めた幅広い層が利用できるようにするという。いわば住民の空気の入れ換えをすすめたいというのが行政側の思惑のようだ。また、中学校跡地に大学誘致を行ったように、土地資源の有効活用も推進中。これは土地利用の制限を緩和することで、未利用地の土地活用の幅が広がってはいるのだが、公園や道路などインフラ整備のための財源がネックとなっている。

また、交通網の整備は、街づくりのための重要課題だ。２００５年に開通した「つくばエクスプレス」に続いて、２００８年には新交通日暮里舎人ライナーの開業も予定されているが、これに伴ってバス路線も拡充される予定。足立区の交通網は、大幅に変化すると考えられている。それと同時に発生する交通渋滞、既に問題となっている踏切の解消がこれからの課題だ。

足立区で必要なのはこうしたインフラ整備だけではない。文化面でのレベルアップも課題の一つ。学校の項目で述べた教育格差の是正はその一つだが、「人間力」のレベルアップも目標の一つで、学校教育だけに括られない、地域教育の取り組みが求められている。また、団塊世代の大量退職を迎えて、区外に流出していた昼間人口が大幅に増えることも予測されており、それの受け皿となる地域コミュニティの形成も求められている。

続いて港区。こちらは「やすらぎのある世界都心」がキーワード。既に成熟した地域だけにインフラ面で取り上げられているのは、居住環境の改善で、緑化の促進と親水機能の向上がテーマの一つ。都心部だけに、この施策でヒートアイランド現象の解消が望まれている。

また、インフラ整備よりも地域コミュニティや教育・文化施策など、重点施策のほとんどは、ソフトウェア的側面となっている。

地域コミュニティ面では、今後見込まれる人口増に備えて、町会や自治会など地縁的コミュニティの活用が望まれている。さらに、商店街や製造業をはじめとする中小企業の産業振興も課題の一つ。六本木ヒルズをはじめとする新たな観光資源が経済的波及効果をもたらすための活用も求められている。

そして、こうした活動を促進させるために地域社会にねざした文化芸術サークルや、スポーツ団体活動を増やし、生活の中に定着させることが求められている。

こうした施策が挙げられるのも、膨大な財政黒字を抱える港区ならではといえる。そして、杉並区は「区民が創る　みどりの都市　杉並」を将来像とする。このキーワードが示すとおり、まず、快適な居住環境の整備がテーマ。鉄道網が発達しているだけあって、多様な個性を持つ駅を中心にした、都市づくりがうたわれている。また、南北の交通網整備が目指しているのも区民が社会参加しやすい環境づくりだ。また、産業育成についても通信技術の活用が大きなテーマになっており、ＳＯＨＯのための環境整備はもとより、商店街のサービス活性化のための利用も目指されている。

と、３つの区それぞれに地域の特性が現れているのだが、具体性の面では足立区がトップクラスだ。いかに足立区が、まだまだ発展的可能性を秘めた土地かよくわかる。

特に、交通網整備の点では、現に整備が続けられている足立区と、すでに街ができあがってしまっている港・杉並区では格段の差がある。足立区では「もっと便利に」という切実な思いが伝わってくるのだが、杉並区では「出来れば便利に」程度、港区に至っては既に完成されたものなので、別段、気にもとめていない。

とはいっても、港区も地下鉄大江戸線と南北線が開通する以前には、都心にもかかわらず、陸の孤島を多く抱えていた地域だ。足立区もやがて、交通網が整備されれば、自然とインフラも整い、文化レベルもアップしてゆくのかと思えば、交通網の整備が重要な課題となっていることは、当然である。同じく、自然環境にしてみても、土地資源は数多くあるわけだから、公園整備等を行うことは港区・杉並区よりも容易だ。

そんな行政に求められているニーズを示すのが、それぞれの区が行っている区政モニターアンケートの内容だ。近年行われたアンケートの内容にも、それぞれの区の特性が反映されている。

足立区はちょっとおせっかい？

まず足立区。２００６年に行われたアンケートは３つ。「食育について」・「東京藝術大学千住キャンパス・オープンについて」・「これからの生涯スポーツ環境づくりに向けて」である。

港区では「メディアにおける性別による差別的な表現」と「エイズと性感染症の予防」。

杉並区では「杉並区自治基本条例」・「(仮称) 杉並行政サービス民間事業化提案制度」・「『生活習慣病』について」・「人と動物との共生に関する施策」についてのアンケートが行われている。

タイトルを見ただけで一目瞭然だが、足立区の場合、基本方針で示された教育・土地資源の活用、そして地域コミュニティのあり方に沿った形でアンケートが行われている。

港区のアンケートは、いったいこれがどのように区民のニーズに反映されるのか、疑問符がつく。一応「港区はメディアの集積地だから」という理由付けがされているのだが、どのように行政で反映されていくのかちょっと理解できない。

杉並区の場合は、そもそものアンケート内容がハイレベル。区政に積極的に参加するのが当然という意識が多数を占めているということなのだろうが、本当にそれがマジョリティなのか、こちらも疑問符である。

絵に描いたようなプライドが高くて、政治意識も高い小市民ならいざしらず、いきなりこんなアンケートに答えてと、いわれても…。

こうして見ると、やはり足立区で求められているのは、交通網のみならずもっと街が住みやすくなるための変化だ。区内を見回しても、古い街並みが残るのは、千住を中心とした、ごくごく一部だけで、そもそもほとんどの地域は過去、田畑だったことしかなく、ようやく道路が整備された発展第一段階だ。これから、どのように変化するのか大変楽しみな地域なのだ。それに、変化してくれなければ不便でしょうがないことは誰の目にも明らかなのだしね。この点、すでに地域のありよう（というか23区内での立ち位置）が決まってしまっている港区や杉並区とは違う。こちらの2つの区は、現状維持で変化を求めない意識が当たり前のヒジョーに頭のカタイ地域に見えてくる。これに対し、足立区の場合、区民の食生活や健康についてみると、成長期にある児童、生徒の朝食欠食者も多く、小・中学生の肥満傾向も高い。さらに、足立区の主要死因の上位は生活習慣病で、特に糖尿病を起因とする死亡率が高いという状況もある。そのため区の施策として「食育」を導入したりしている。

こんなある意味、おせっかいな施策も伴う足立区。

だが、そこには確実に区民からのニーズが存在していることは間違いない。ゆりかごから墓場まで、問題点を着実に改善していくことができれば、足立区には大きな発展性が見込まれる。

新区民VS旧区民　ラウンド3　スーパーでの行動対決！

激安で便利だけど店の中は大混乱

リーマンショック以降の不景気の中で「安い」ことの価値は、急激に高まっている。ブランドにこだわるなんて愚の骨頂とばかりに、誰もが安さをとてもなく尊いことだと信仰し「安い」ことをうたい文句にする店に群がる。

経済番組の多いテレビ東京系列の番組なんかを見ていると「激安商戦」といったキーワードを挿入して、不景気の中、安さで客を虜にして繁盛している店がクローズアップされたりしている。そうした番組だと、だいたい、そうした店の特売日なんかが、よく取り上げられる。開店前から行列する人の群れ、そして開店と共に、どこにそんな体力が残っているんだろうかと思わせるような老人たち、そして主婦たちが店へと乱入、あっという間に商品は売り切れて、兵どもが夢のあとの光景をカメラは追う……。そうした番組を、このところ視聴者はいくつ見せられてきただろうか。東京の山の手とか中央線とか、京王線あたりの住民が、ちょっと興味をもってそうした店に行ってみると、確実にカルチャーショックを受けるだろう。

一言でいえば「体力ありすぎ」。安さにつられて、よくもまあと思うぐらい買い込む人々。袋に詰放題とか、食品がギュウギュウに潰れてしまうまで詰め込む人々の姿は壮絶のヒトコトである。

テクニック抜群　旧区民の買い物術

激安スーパーでの立ち回りとなれば、新区民は旧区民の足元にも及ばない。旧区民は情報量がハンパじゃない。

取材中に某激安スーパーの特売品争奪戦を見たときのことだ。気合の入った旧区民と思しきおばさんの動きは、テクニックに優れたベテランのラグビー選手をほうふつとさせる。

まず、アナウンスもされていない第一特売品コーナーへ、進む。問題を起こさないためか、決して走ることはない。だが、スピードはある。それなりに周囲ののろまな客を吹き飛ばしつつ進む。見事特売品ゲット。そして我々は彼女の姿を見失った。おそらく、次の獲物を目指し、最短ルートを進んでいったのであろう。これに対し、新区民らしき主婦は悲惨だった。チラシに書いてある特売コーナーを探しているうちに商品は売り切れ、タイムサービスのコーナー発表がされるとそこへ向かうが、一歩目の遅さでまたも敗北。なんなんだ、このニブさ。スーパーの配置図なんかすぐに頭に入れられるだろうになぜ迷う。そうこうしているうちに、先ほどの旧区民のおばさんは、すでに戦利品を袋に収め、去って行った。

今までの対決は、どうにも勝負なしというような結果が続いていたが、今回はきれいに結果が出る。旧区民の完勝だ。あくなき闘志と情報収集力。そして、「買い物を楽しんでいる」ことであろう。勝因はあまりにわかりやすすぎて面白くないので、逆に新区民はなぜ敗れるのかを分析してみよう。

価値観のブレが結局非効率を生む

新旧区民の聞き取り調査を見比べると、旧区民は一本筋の通った価値観に従って行動しているのに対し、新区民にはブレがみられる。エコを基準にものを購入するとかいいながら、エコバッグの使用は長続きしない。釣り銭やレシートはちゃんとチェックしたり価格を重視したりと、「可能なら一円でも安く買いたい」と思っているにもかかわらず、「スーパーは半ばレジャー」とのたまう。本音と建前が変なところでバッティングしているがために、入らぬ苦労をしょいこみ、結局目的のものを入手できないわけだ。

大体だ、普通のスーパーにするかちょっと高めのスーパーにするかの判断基準もブレている。常用スーパーがちょっと高めのイトーヨーカドーだってんなら、そのままそこを利用し続ければいいし、ステイタスがほしいならちゃんと高級スーパーだって（少数だが）あるのだ。

これに対し、旧区民は店の使い分けがうまい。貧困層だなんだといわれてることもある彼女らだが、実は高級スーパーも利用しているそうだ。見た目は赤貧洗うがごとしの一家のすき焼きが、肉と卵だけ超高級品で他は激安とか、素材の力で勝負する部分だけお金をかけて、他を安く済ませるという作戦だと、話を聞かせてくれた旧区民の主婦は鼻をふくらませて自慢した。見事である。

新区民も、本当はこうした作戦をとっているつもりなのだ。しかし、情報量の少なさから、綿密な計算をすることもできず「わーこうすれば安くておいしいものが作れるわ」という計算がひとつも成り立たない。

学べばいいじゃない　あのおばさんに

というか、旧区民が賢く立ち回っているのだから、新区民の主婦もそれを見習えばいいじゃないの、と思うのである。

旧区民のおばさんが、あれだけ生き生きとしているのを見て、「楽しそう」と思わないのだろうか。その姿を馬鹿にするのなら、最初から激安スーパーなんぞ行かなければいい。郷に入れば郷に従うのではなく学べ。それこそが、楽しく生きるってことじゃないのかねぇ。

第４章
足立区にはなんで電車がないんでしょうか

自転車立国足立なんでこんなにいっぱいあるの

足立区のすべては自転車のペダルとともに？

足立区にはとにかく自転車が多い。とにかくやたらと自転車が溢れている。ママチャリに子供を何人も積み込んで、スーパーへ出かける光景は足立区では当たり前の光景だ。

それだけではなく、西新井の商店街では空き店舗スペースが、そのまま自転車置き場として活用されているところまであったりする。

いったいなんで、まるで中国と錯覚してしまうくらいまで、自転車が生活に密着しているのであろうか。その理由は、まず足立区の地勢によるところが大きい。

足立区はまっ平ら！　自転車がツラくない‼

足立区は東京都でも稀にみる、平べったい土地なのである。関東平野とかいいながらも、東京はやたらと坂が多い。港区には紀伊国坂に白金坂、杉並区には十貫坂や左内坂と数々の由緒正しい名前のついた坂が存在しているのだけれど、足立区にはそんな坂は一切ナシ。それもそのはずで、海抜マイナス２メートルというトンデモ地帯すらある足立区の最高地点は入谷にある三等三角点で海抜４・２４メートルなのだ。

では、港区はというと、こちらは海沿いの埋め立て地を覗けば坂だらけの土地であることからわかるように、北青山３丁目の海抜34メートルが最高地点。いっぽう最低地はＪＲ浜松町駅前ガード付近で海抜０・０８メートルなのだとか。

そして、杉並区の最高地点は善福寺３丁目の54・３メートルで、最低地点は和田１丁目の29・２メートルである。

と、同じ区内にもかかわらずやたらと高低差のある港・杉並区に比べて、足立区がいかに真っ平らか理解できただろうか。よほどの好き者でもなければ、わざわざ汗をかきながら自転車を漕いで出かけようとは思わないわけで、その点足立区は自転車で出かけるのが苦にならない東京都でも珍しい地域なのである。

そして、よく知られているように、足立区では交通網もまだまだ未整備地帯が多い。特に東西に移動しようとすれば、電車はいっさいなくバス移動。だが、バスは主に幹線道路しか走ってくれていないから、便利かと聞かれたら疑問符のつくシロモノだ。そうなれば、自転車が手軽な足となるのは、いわば当然なのだ。

だが、その結果問題となっているのは、やっぱり放置自転車の問題である。2004年頃に豊島区が自転車放置税構想を立ち上げたりして、注目されるようになった放置自転車の問題。東京都が2005年4月に発表した「都内における駅前放置自転車の現況について」の調査によると足立区の駅前放置自転車数は、平均196・7台である。港区は、183・6台、杉並区は110・5台である。と、目立つ放置自転車の数だけ見ると、港区が足立区とほぼ同じ数値を叩き出す。そこで、駅前に乗り入れる自転車・オートバイを目視で調査した乗り入れ数で計算してみると足立区は一駅あたり平均２４８４・５台。港区が３３２・７台。杉並区が１０２０・６台という結果に。思った通り足立区には自転車＋原付があふれかえっているのだが放置自転車は、多いとはいっても他の地域に比べて、それほどではないということがわかる。

じじつ、放置自転車の多い駅ワースト10では足立区はひとつもランクインしていないのだが、乗り入れ数になると、なんと2駅もランクイン。綾瀬駅が1万1０９５台で都内3位、竹ノ塚駅が1万７２０台で4位となっている。さすが、自転車が生活必需品となっているだけ、あってほったらかしにするのは、もってのほかという自転車マナーが備わっているのか？　と思いきや、やはり自転車置き場の整備が放置自転車を少なくしている理由らしい。

２００6年現在、足立区には駐輪場が40カ所設置されており、2万６６３５台が利用している。港区では駐輪場はたった4カ所で駐輪台数３０６２台。杉並区は38カ所で2万６１２８台となっている。なるほど、交通インフラの整備が遅れているといわれる、足立区だが自転車についてだけは別格なのだ。さらに月額利用料金はというと足立区は1000~2100円。港区は一律1800円、杉並区は700~2300円となっている。

つまり、うまいこと、1000円の駐輪場を借りることができればよいのだが、下手すると倍ちかい金額を払わなければならないことになってしまうというわけだ。

それだけが原因というわけではないのだろうが、40カ所の駐輪場をつくって、以前より減ったとはいっても放置自転車の問題が解決したわけではない。現に2005年度に、足立区で撤去された放置自転車は3万4445台。いっぽうの港区は7289台。杉並区はこれはまた足立区を越えて6万8041台。

こうした数値をみていると、どうやら足立区ではまだまだ行き届かないところがあるとはいえども、大事な交通機関である自転車への対策に熱心なようだ。

自治体が強力に後押しするチャリライフ

そこで「足立区基本構想」を開いてみると、自転車について利用拡大のために専用レーンの設置や駐輪場の整備を進めることが盛り込まれている。実は足立区は、既に国土交通省の進める自転車利用促進・環境整備に取り組むモデル都市に指定され、自転車施策の先進都市とされているのだ。なるほど、単に自転車が溢れているだけで終わるわけではないということだ。

では、どういった施策が行われているのかというと、まず大型店舗への自転車置き場設置の義務づけ。一例を挙げると、店舗面積が４００平方メートル以上の小売業の場合、店舗面積に対して「20平方メートルごとに1台」以上設置することが義務づけられているのである。要は、まず自転車が、道路に溢れ出さない環境をつくることで、より自転車を便利に乗り回せる環境をつくろうということである。ちなみに、この義務は小売りのみならず金融機関から遊技場までを対象にしているので、足立区で大型店舗を設置する場合には、自転車置き場の整備が欠かせないということである。

まだ駐輪場の数は足りず、ともすれば放置自転車が問題となってしまう状況ゆえ、民間資本の導入も図られている。これは、民間の駐輪場を設置する場合、行政から補助金が出るという施策だ。

また駐輪スポットの拠点として、「モビリティセンター」の配置も計画され、竹の塚西口駐輪場では一部実施されている。これは、区内駐輪場利用者アンケートでは、駐輪場に最も欲しいサービスとして「メンテナンスサービス」が挙げられたことを受けて計画されているもので、駐輪場にメンテナンスルームや、シャワー室、レンタサイクルなど、地域活性力と連携した多様な機能を持たせることを目指すというものだ。

では、港区や杉並区では自転車対策がどうなっているのか。

どちらの区でも駐輪場設置の義務づけや、民間駐輪場への補助は行っている。だが、専用レーンの設置や駐輪場でメンテナンスサービスを行うといった施策までは盛り込まれていない。

これは、あまり意識されていないことだが、自転車は本来軽車両扱いなので、車道を走るものである。日本ではモータリゼーションの進展と共に、自転車と自動車の事故が急増したために、１９７８年から歩道通行が容認された経緯がある。ところが、近年では歩行者と自転車の事故が増加しているため、自転車専用レーンの整備が警察庁でも検討されているという。

１万円以下で購入できる、区内は平地なので移動が容易。足立区にママチャリが氾濫するのには理由がある

信号無視や無灯火などまったく意に介さないほど気軽な手段になってしまったために、事故も多発している

電車の少ない足立区で頼りがいのあるのはバスしかいない？

足立区外への移動はバスのほうが有利

足立区の主要交通手段となっているのは自転車である。だが、もちろんすべての人々が、あらゆる移動を自転車で行っているわけでもなく、当然公共交通機関を利用する機会はある。ただし、鉄道が通っていないわけだから、主要交通手段はバスとなるわけである。

実は足立区の地理的背景からバスには利点も多い。例えば区外への移動がそれだ。もし、区外に出ようとする場合、多くは最寄りの鉄道駅まで自転車で行かなければならない。ところが、足立区の西部、特に西新井よりも西側の鹿浜や新田といった地域の場合、西日暮里や王子といった区外の駅へ向かうバス路線が完備されているのである。そのためか、アパートやマンションの張り紙には「西日暮里からバス20分」といった書き方をしたものを多く見かける。これは、どういうことかというと、たとえバスで20分揺られたとしても、山手線の駅に直接迎えるという利点のほうが大きいわけだ。ちなみに、西日暮里からバスで20分も走ると、西新井駅のほうがよっぽど近かったりする。それでも、北千住駅までバス、そこから乗り換えて上野駅でようやく山手線内という不便を考えると、よっぽどラクなわけである。

さて、そんな足立区にはバス路線が縦横無尽に張り巡らされている。花畑をはじめとする、足立区でも特に交通の便が悪い地域であっても、バス停はすぐに見つけることができるのだ。

そんな足立区のバス路線は、６社系統数98本となっている。地域の８割近くが５００メートル圏内に駅を持つ港区の場合、ほぼ都営バスのみで系統数も14本のみだから、格段の差がある。

鉄道に恵まれた港区では、バスについての情報量もすくないので、足立区と杉並区を比較しながら、すすめてゆくことにする。

バス網が発達していても杉並区の事情はだいぶ違う

こちらも既に、3章で触れたところだが、バス路線数ではそれほど差がないはずなのに杉並区には、賃貸物件の表示に「バスで5分」といった表示をいっさい見かけない。さらにいえば、東京でも足立区以外の地域で、最寄りがバス停といった地域として想像されるのは、吉祥寺よりも西の三多摩地域に入ってからではなかろうか。

まあ、その理由の一つとして、杉並区には鉄道が充実しているという事情も挙げられるだろう。杉並区にはJR中央線、西武新宿線、京王線地下鉄と鉄道が縦横無尽に走っている。ふりかえって、足立区はといえば、ご存じの通りスカスカである。

ゆえに、足立区ではバスが大繁盛…と思いきや、違った。バスの利用者の人数で比較してみると、足立区の一系統の一日あたりの平均運送人数は、1752・6人。これに対して、杉並区は3136・3人である。なんと、系統数の少ない杉並区のほうが倍近くの人数を扱っているのだ。

もしかして、裕福な杉並区では、ちょっとした移動もバスなのか？　と考えて定期利用者とそれ以外の人数も調べてみた。足立区では、一系統あたりの一日の定期利用者は、１０６・７人。定期外の利用者は、１３５９・２人である。では、杉並区はというと、定期利用者が７４６・４人、定期外の利用者が２３８９・９人である。そう、足立区は主要交通機関がバスだというのに、利用者自体は杉並区より少ないのである。

そんなはずはないだろうと、実際に乗車してみて、その謎が解けた。足立区では、電車を降りてバスに乗り換えるポイントは、ほぼ北千住駅が中心。綾瀬駅や竹ノ塚駅はオマケ程度に過ぎない。

それに対して、杉並区はバスに乗り換えるポイントも多数存在する。例えば、荻窪駅は、三多摩地域でも居住人口の多い武蔵関駅方面への、ルートをはじめ巨大な人口を抱える他地域とを繋ぐ路線が多数存在する。また、新宿駅へ直通するバス路線もあるので、特に井の頭線沿線住民にしてみれば、多少は時間がかかるけれども乗り換えなしで直行できる魅力があるのだ。

それに対して足立区はというと、まず区内に人が通ってくる施設は、ほとんど存在しない。むしろ、昼間は一方的に区外に人口を吐き出すのみである。その数は、といってもそれほど多いわけではないのは、ご存じの通りである。確かに、バス路線は豊富な足立区だが、だからといって利用者が巨大というわけでもないのである。

覚悟の奉仕？　足立区のバス

この足立区のバスは、例えるならばかつての国鉄ではないだろうか。ＪＲとなった今では、次々と赤字路線は廃止されて、バスに転換されている。ところが、国鉄時代は、いくら赤字であろうとも公共交通機関としての使命ゆえに、ガラガラの車両で一日数往復しかないような列車が全国を走っていたのを思い出して欲しい。さらにいえば、未だに赤字にもかかわらず運行されているローカル線の主な理由は「代替バスが走る道路が整備されていないから」だったりする。

いわば、足立区はこの逆バージョンで、もっと鉄道が発達したならば、バス路線は次々と改廃されていくであろうことは、想像に難くない。

こうした事情を比較するのに最適なのは、現在では駅まで５００メートル圏内が地域の76％を占める、港区である。いまでこそ、バス路線も数少なく、すぐに鉄道駅を見つけることのできる都会のような顔をしている港区。だが、こうなったのはつい最近の話である。

港区の南部である麻布十番に地下鉄南北線・大江戸線が相次いで開通したのは、２０００年のこと。それまでの麻布十番から目黒区・品川区方面と隣接する港区南部地域は、都内でも有数の陸の孤島であった。

もし、麻布十番まで出かけようとすれば選択肢は、六本木の駅から20分あまり歩くか、もしくは五反田・目黒方面からバスで向かうのが、ポピュラーな方法であった。また、一部のマニアによって愛好されていた新宿から港区南部を縦貫して田町へ抜ける長大な路線を走る都営バス路線というのも存在していたのだ。

それが地下鉄の開通によって、一気に新宿駅や目黒駅で山手線に直結したのは、一種の交通革命であったわけだ（ちなみに、開通に伴ってバス路線は激減した）。

この、交通革命の波が、足立区にも徐々に押し寄せている。

まず、つくばエクスプレスの開通によって秋葉原へと直通する経路が完成し、足立区東部の広い地域で、山手線圏内へ直行するラインが築かれた。さらに、２００８年に開通予定の新交通は、日暮里への直通ライン。これが完成すれば、足立区西部の広い地域でも、山手線圏内への直行が可能となる。

これらの路線による交通革命は、足立区の希望の星である。たとえば、足立区西部では、ご存じのとおり、分譲マンションの建築ラッシュが続いているが、そのウリのひとつが新交通の開通後は「西日暮里まで直通」という点である。

ただ、この新交通が開通したところで、足立区の公共交通網は港区・杉並区に比べればまだまだスカスカであることは否めないだろう。

こんなスカスカの状況が生まれたのは、やはり足立区が東京でも新興地区ということがあるだろうが、それにしても鉄道路線は大ざっぱである。次項からは、そんな足立区の鉄道路線から、それぞれの地域がどのような顔をもっているのか、分析していくことにする。

足立区と杉並区の1日あたりのバス乗車人数

足立区				
	系統数	総数	定期	定期外
都営交通	15	ー	ー	ー
東武バスセントラル	60	45420	6900	38520
国際興業	16	13584	2128	11456
日立自動車交通	3	5928	165	5763
朝日自動車	2	5900	536	5364
新日本観光自動車	2	4462	138	4326
合計	98	75294	9867	65429
杉並区				
	系統数	総数	定期	定期外
西武バス	7	12,864	1,209	11,655
京王バス	7	31,174	3,239	27,935
小田急バス	1	135	4	131
国際興業バス	2	2,601	906	1,695
関東バス	44	78,375	23,654	54,721
合計	61	125,149	29,012	96,137

各区の統計より平成18年度（都営バスは非公開）

主要路線を押さえる都営バスではパスネットが使用可能。東武バスは2007年末までにパスモが使えるようになった

脱マイカーが進む足立区

最新の発表データがちょっと古いのだが、鉄道網の新設で、足立区の交通事情の変化をみてみよう。日暮里・舎人ライナーの開通から2年が経過した2010年に足立区が行った「交通に関する実態調査」によると、鉄道網の充実で、それまで自動車で移動していた人々が、鉄道を使うようになったというのだ。

資料では、2000年のデータとの比較を行っている。まず注目したいのが、区全体の数値。2000年では、足立区民の交通手段における鉄道利用の割合は約25%に過ぎなかったものが、2010年には31%へ増加している。さらにおもしろいのが、つくばエクスプレス、日暮里・舎人ライナー（新路線）沿線と、それ以外の地域の比較。普通に考えれば、新路線沿線の住民は鉄道利用が増え、それ以外の地域は変化なしとなりそうなものだが、実は新路線から遠いエリアも鉄道利用率が増えているのである。鉄道利用率が増えれば、当然それ以外の交通手段、つまりバス、徒歩、自家用車などの利用率が減るわけだが、この中で明確に減ったのは自家用車と徒歩のみ。中でも自家用車は新路線沿線で6%、それ以外の地域で３％減っている。

興味深いのはバス。これまで、現在の日暮里・舎人ライナー沿線からの通勤通学手段は、東武の駅にいくか、王子や日暮里へのバス路線だった。普通に考えれば、バスのシェアが落ちて鉄道が上がりそうなものだが、バスの利用率はほぼ横ばい。新路線沿線ではむしろ増えている。以前は完全なマイカー通勤をしていた人々が、公共交通機関にシフトしているわけだ。

これは、足立区にとっては歓迎すべき事実かもしれない。足立区の課題に道路事情の悪さがあり、特に狭隘道路の問題は深刻だと考えられている。しかし、公共交通機関の利用率が上がれば、道路整備を後回しにしやすくなると考えることもできる。もちろん、火災の危険性が高い区中央部から南部の道路拡張は急務なのだが、とかく道路工事は金がかかるし用地買収は手間が多い。それよりも、新路線の開通で利便性の上がった場所にある団地の再整備などを先に行い。余力ができたところで道路に着手、というような考え方も可能だということだ。やはり鉄道網の充実は効果が高い。

国鉄に見捨てられた悲劇の地域
それが足立区

鉄道が発達する素地はあったのだけど

足立区に存在するＪＲ東日本の駅は、北千住駅と綾瀬駅のわずかふたつだけ。そう、足立区は見事にＪＲから見捨てられた土地なのである。

そもそも、足立区内を通過する古くからの交通網として挙げられるのは日光街道。これは、かつての千住宿を通過して、足立区を南北に横切る街道である。ところが、足立区を通るＪＲ常磐線は、そんな重要交通網など無視して、足立区をかすめて東へと進んで行くのである。

いったい、なんでこんなことになってしまったのか？

水路の充実が国鉄の誘致を阻んだ

常磐線の前身となった日本鉄道によって、北千住に駅が設けられたのは、１８９６年のことである。この駅の設置は、田端～土浦間の路線開業に伴うものであった。

この、日本鉄道は１９０６年の鉄道国有化法によって消滅することになるのだが、それまでに水戸を通過して東北方面に至る長大な路線を開通させた。以来、常磐線の路線は、大きな変更もなく現在に至っているのである。

さて、ここでまず気になるのが、始発駅が田端であることだ。現在では、常磐線の始発駅は上野となっているが、当初田端で接続されたのは貨物列車が直接乗り入れるルートを確保するためであった。常磐線の当初の意義はふたつ。ひとつに東北本線のバイパス区間であること。そして、もう一つが福島県にあった常磐炭坑の石炭の輸送を目的とするものだった。そのため、現在の山手線を経由して東海道本線に抜けられる様に田端駅が起点とされたのである。

それでは、なぜ北千住に駅がもうけられたかというと、ここが水運の要衝だったからである。そもそも、千住宿が発展した背景には、ここが北関東から川を下って運ばれてくる木材の集積地だったことがある。松尾芭蕉の一行が奥の細道へと旅立つ時も、千住宿まで船便で来て、見送りの人々に別れを告げたとあるから、江戸時代には水運が重要な交通機関となっていたことがわかる。また、当時の千住には飯盛り女が大勢おり旅籠、煮売り屋、居酒屋の立ち並ぶ歓楽街として栄えたことが様々な記録に残されている。

明治以降、旅客手段としての水運は鉄道に変わって行くのだが、高度成長期以前までは水運は重要な運送手段であった。区境を越えて南千住駅傍には隅田川貨物駅が存在するが、ここに貨物駅が築かれたのも、やはり隅田川で船に石炭を積み替えて運送する方法が一般的だったからにほかならない。

さらに、足立区には数多くの川が流れており、それぞれが交通路として利用されていた。駅名となっている綾瀬の地名も、１８８９年に、市制町村制が施行された際に、地域の中心を流れる綾瀬川に因んで綾瀬村と称したのが始まりである。

地名のもとである綾瀬川は、現在では汚染が進み問題にもなっているが、江戸時代には綾瀬川を題材に浮世絵が描かれたりしているものだったと知られている。こちらでも１９６０年代までは水運が一般的な光景であった。

地名の由来となった綾瀬川は古代からの自然河道ではなく江戸時代に開削された人工河道だ。かつての綾瀬川はもっと東に流れ、利根川（現中川）に注いでいたものとされる。この綾瀬川のみならず、足立区を流れる河川は、人の手によって河道を変えられたものが多く、自然河道が残っているものはほとんどない。河川が重要な交通網として整備されていたということだ。

元来、四方を海に囲まれている日本では、江戸時代から河川改修や運河開削が行われ川船流通が発達していた。いわば、水運は現在の高速道路的な役割を果たしていたのだ。しかし、明治以降は、速く大量に物資を運ぶことが出来る鉄道が発達したことによって、次第に水運は衰退の道を辿って行くことになる。

つまり、常磐線が開通した当初では、まだ鉄道の重要性が認識されていなかった。（常磐線・綾瀬駅が開業したのも１９４３年になってからとかなり遅い）これが、水運整備に恵まれた足立区には仇となった。旧交通網が整備されていたため、新しい交通網である鉄道の整備計画から取り残されたのだ。

同じ「元ド田舎」でも鉄道の整備で今は大違い

杉並区を東西に貫く中央線と比較してみよう。

こちらの前身である甲武鉄道が、新宿〜立川間に開通したのは、1889年のことである。この鉄道は当時でも先進的で、1904年には飯田町駅（現在の飯田橋駅付近）と中野駅間を日本で初めて電化した鉄道としても知られている。とはいえ、立川までの開通当初から現在の杉並区内に駅があったわけではない。もっとも古い荻窪駅が開業したのは1891年だ。

当時、街道から離れていたこの一帯は、武蔵野の原野と林と畑ばかりが続く寒村地帯で、荻窪駅の一日の乗降客は300人程度だったといわれている。人家がまばらで、正岡子規は荻窪駅に停車した時のあたりの風景を「汽車道のひとすじ長し冬木立」と詠んでいる。

つまり、江戸時代から繁栄を続けていた都会である千住一帯と比較すれば、目立った村もない、多摩のド田舎であったわけである。

そんなド田舎が、どうして現在は地位を逆転させたのか。それは、やはり関東大震災後の復興にカギがあるだろう。

開業以来、鉄道は通過するのみだった現杉並地域に念願だった高円寺、阿佐ヶ谷、西荻窪などの鉄道駅が相次いで開業したのは１９２２年のこと。本来、駅を設けるのは高円寺・阿佐ヶ谷のみの予定だったが、当時の井荻村の熱心な誓願により、西荻窪も含めた３駅が新しく開業することになった。もちろん、当時は利用客も少なかったのだが１９２３年の関東大震災によってその運命は変わった。震災によって、家を失った人々は、土地の安かった郊外であるこの地域に居を移してきたのである。

さらに、新たな繁華街として新宿が整備され、東京の街自体が次第に西に中心部を移していくと、その重要性は高まった。さらに、太平洋戦争の影響などもあり、西東京地域の人口は拡大していった。また、高度成長期には、数多くの団地も建設されて、地域は拡大していったわけである。

つまり、杉並区はいわば黎明期のニュータウンとでも考えるのが適当であろう。その繁栄の理由は、新宿の開発に代表される東京中心部の移動が最大の理由である。

常磐線と中央線の比較

	杉並区	足立区
中心となる駅	高円寺・阿佐ヶ谷・荻窪・西荻窪	北千住・綾瀬
江戸時代	農村・森林と田畑	千住一帯は宿場町、他は農村と湿地帯
鉄道の開通年	1889 年	1896 年
鉄道以外の交通	街道すらなし	日光街道・河川の水運
鉄道の建設理由	甲府方面への鉄道ルートの開設	東北本線のバイパス 常磐炭坑の石炭の運搬
山手線の接続駅	新宿	上野
地域での重要度	都心への幹線	上野接続のため 地下鉄のほうが便利な場合も
駅の雰囲気	小規模な商店が並ぶ 路地の多い雰囲気 阿佐ヶ谷駅は緑多し	北千住は空中廊下で接続 再開発間もないイメージの北千住 綾瀬は下町風
優等列車の扱い	荻窪以外は 土日快速通過	北千住は全車停車 綾瀬は各駅停車のみ

（独自調査）

これに対して、江戸時代から続く街であった千住地域は、新たな中心部からは遠く、隅田川以北はさらに遠かった。かくて、足立区は古くからの歴史を持つにもかかわらず、多摩ニュータウンのような非常に不完全な状態となってしまったわけである。

こうなってしまうと、街の発展度の違いをJRが通ってないからと、責任を押しつけてしまうのは、間違いであるといってよいだろう。

原因は、水運から鉄道への物流の変化、そして東京という街の変化にあったのである。やっぱツイてない街だ。

綾瀬駅では駅周辺はまったく未整備。都心部へ労働力を移動させる手段としての鉄道を象徴する駅といえる

再開発によってバスターミナルを集約化した北千住駅前。空中廊下直下で少々暗い印象が残るのが問題点だ

都心と足立区をつなぐ大役をこなしてきた東武伊勢崎線

足立区を救ってきたのは東武だ！

現在の国道4号線・日光街道は、江戸時代に五街道のひとつとして整備された街道のひとつ。元来は、日光東照宮への参詣の目的で敷設されたもので、その先は奥州街道として北へと延びて行く。

足立区のメイン路線　その名は東武伊勢崎線！

その街道に沿う形で走っているのが足立区内の鉄道のメイン部分ともいえる東武伊勢崎線である。

現在では、浅草始発と、半蔵門線直通と、北千住は乗換駅のひとつとなっている。だが、伊勢崎線のみならず、東武鉄道の最初の開業区間は、１８９９年の北千住〜久喜間に始まる。というだけあって、気合いの入れ方がほかの鉄道路線を圧倒しているのだ。

まず、北千住から先足立区内はずっと複々線区間が続いている。（北越谷までで、私鉄では最長の複々線区間である）路線名になっている、伊勢崎〜館林間はいまだに単線のままだというのに……。

さらに、本来の終点である浅草は、いまやかつての繁栄も面影もないほど寂れている。そのためか、北千住から先、運行本数の約半分は地下鉄半蔵門線・日比谷線へ直通している。半蔵門線は、東急田園都市線の中央林間駅まで。日比谷線は東急東横線中目黒駅までと、どちらも山手線の内側を突っ切って反対まで抜ける長大な路線である。足立区民にとっては都心へ出る時、上野で山手線に接続される常磐線よりも、魅力的なルートなのであることはいうまでもない。

これが、足立区の中でも伊勢崎線が目立っている最大の理由といえるだろう。

実際に、不動産の広告では「東武日比谷線」という呼称が用いられていたこともあったというから、その価値はかなり高い。

足立区内に駅は合わせて8駅。北千住を境にして浅草方面に堀切駅、牛田駅。伊勢崎方面に、小菅駅、五反野駅、梅島駅、西新井駅、竹ノ塚駅と続く。大師線の大師前についてはは別のページで扱うので、ここでは触れない。

このうち、北千住駅にはすべての列車が停車。西新井駅には、快速をのぞくすべての列車が停車。ほかの駅は、各駅停車のみとなっている。

堀切駅は、1日平均乗降人員2441人。駅の傍に水門があるなど足立区ならではの光景を見せる。駅舎もかなり古い物で、いまだにバリアフリーではなく、上り線ホームに向かうには隅田川堤防上の道から急な階段を下らないといけないという足立区でも、特に古めかしさを残す駅である。ただ、2007年4月に開学した東京未来大学の最寄り駅であるため、今後改善も予定されている。ここから、隣の牛田駅へ向かうルートは急激にカーブしているが、これも1923年の荒川放水路掘削に伴うもので、足立区と川の関わりを象徴している線形である。

続いて、牛田駅は一日の平均乗客数２万２７８０人。近くにある京成関屋駅の乗換駅でもあり、バリアフリー化も行われている。

北千住駅は、一日平均44万１１５７人。これは、池袋に次いで東武線中の２位である。

小菅駅は東京拘置所の最寄り駅として知られるが、一日平均５６１２人が利用している。

五反野駅は駅前に中規模の商店街が形成されるだけあって、一日平均乗客は３万３７０１３人である。

同じく、商店が軒を連ねる梅島駅は、２万９２１４人である。

足立区の西の中心でもある西新井駅は、５万１５６７人。この駅前にある日清紡績の跡地では現在再開発工事が行われており、スーパー・映画館の入った大規模商業施設が建設される予定。これが完成すれば、北千住に次ぐ足立区の中心として重要な街になると期待されている。

次いで、足立区でもメジャーな街である竹ノ塚駅は、８万９６８人。

各駅停車しか停車しない、この駅の乗降人数が多いのは、車両区が隣接し竹ノ塚始発の列車が数多く設定されているからである。朝ラッシュ時にも平均10分ごとに、列車が発車するため利用者が多くても混雑は、それほど酷くない。ただ、つくばエクスプレス六町駅の開業に伴って、やや利用客が減少気味となっており、つくばエクスプレスによって人の流れ自体が変わったことを示す好例となっている。

さて、これらの駅のうち、駅前にロータリーが完備されているのは、北千住・西新井・竹ノ塚のみである。その他の駅は、駅前に車を止めるのも困難な状況。(堀切駅に至っては行き止まりである)

そもそも、西新井と竹ノ塚が足立区の中でも特に注目されている理由、それは都心に直結していることにある。このことからも、この3駅を有する地区が足立区の中でも特別の価値のある街であることがわかる。なによりも、前述のように、日比谷線・半蔵門線に直結されていることから、今後特に発展が見込まれているのがこの地区の最大のウリだ。

ただ、明るい未来ばかりがあるわけではない。2005年に竹ノ塚で発生した踏切死亡事故にみられるように、高架化工事が行われず踏切の残されている部分が多い。このため、ラッシュ時には、交通を分断してしまう原因にもなっており、今後改善が必要となっている。

実は優れた発展をしている東武伊勢崎線

杉並区内の京王線の沿線風景と比較してみよう。杉並区内には京王新宿線と井の頭線の２線が走っている。うち京王新宿線の駅は八幡山駅のみで一日の平均乗客数は、３万８０８２人。なお、明大前駅は世田谷区にあるものの杉並区からの利用者も多い駅である。平均乗客数は、４万１５７２人だ。

井の頭線は、永福町駅が３万１２７人。西永福駅が１万８０７７人、浜田山駅が２万８０８４人、高井戸駅が３万９８６７人、富士見ヶ丘駅が１万３８０５人、久我山駅が３万７６７９人となっている。

さて、沿線の特徴はというと足立区の駅に比べてきわめて薄い。どの駅を降りても、同じような住宅地が連なっている。京王本線に比べて、井の頭線沿いは、山の手の雰囲気を漂わせているが、それぞれの駅周辺の特徴は薄い。

そもそも京王線の成り立ちというのは、１９１３年に開通した笹塚～調布間に始まるのだが、この当時は新宿へは乗り換えてバス輸送という形態であったし、戦前の発展は主に多摩方面への観光鉄道という性格が強かった。ところが、こちらも中央線に少し遅れて周辺が住宅地として開発されたことで、近郊ベッドタウンから都市へ労働力を運搬する鉄道としての地位を固めてきたわけである（そもそも、当初の新宿駅は新宿御苑近辺に設置されていたのだから、どのくらい冷遇されていたかがよくわかる）。

このように、新宿・渋谷といった副都心の発展と密接に関わっている京王線に対して、西新井・竹ノ塚沿線はちょっと変わった発展を遂げてきた街である。

特に竹ノ塚は始発発車駅ということもあって通勤圏も巨大で、足立区北部地域のみならず、隣接する埼玉県の川口市・草加市からもバスを乗り継いで利用する乗客も多い。そのため、駅周辺にはショッピングモール・商店街が発達しているわけである。西新井駅が、足立区西部の中心として発展しているのも、同様の理由といえよう。

このように、足立区における東武線の主要駅が都心に人を送り出す中継点として機能しており、その結果商業施設が発展しているのに対して、京王線にはそういった状況がみられない。

これは、井の頭線に特徴的なのだが、どの駅も吉祥寺もしくは渋谷といったターミナル駅の枝葉の部分として存在しているためである。利用者は最寄りの住民に限られているために、駅に集まってくる人の数も少ない。そのためか夜にもなれば、営業している店はコンビニ程度という不便な地域も多い。

都市への輸送力だけでなく、近郊路線として利便性を考えれば東武線は健全な発達をしていると考えてよいだろう。

※　※　※

とはいっても、やはり老朽化が目立ってきた東武沿線。路線の名前に「スカイツリーライン」という愛称はできたが、スカイツリーの恩恵が足立区に到達した気配は薄い。とりあえず今のところ、竹ノ塚駅周辺の高架化が進んでおり、西新井・梅島エリアの再開発も完成が見えてきたのだが、まだまだ街の雰囲気は「昭和～」な感じ。このエリアの再開発・再整備はまだまだこれからという段階だ。

東武線と京王線の一日平均乗降人数

東武伊勢崎線		
	2005	2014
堀切駅	2,441	3,991
牛田駅	22,780	22,723
北千住駅	441,157	437,156
小菅駅	5,612	5,604
五反野駅	37,013	34,695
梅島駅	29,214	31,068
西新井駅	51,567	63,669
竹ノ塚	80,968	71,275

東武鉄道ホームページより

京王新宿線		
	2005	2014
明大前駅	41,572	91,026
八幡山駅	38,082	40,711
井の頭線		
永福町駅	30,127	31,262
西永福駅	18,077	17,953
浜田山駅	28,084	29,236
高井戸駅	39,867	43,519
富士見ヶ丘駅	13,805	13,975
久我山駅	37,679	38,428

京王線ホームページより

スーパーなどのテナントと一体化した西新井駅。周辺の大規模店舗進出によりテナントが撤退しないか不安

再開発もほぼ完了し、かなり使いやすくなった西新井だが、肝心の駅が錆びている。印象が相変わらず古くさい元凶はこれ？

区民すら存在を無視しかねないマイナー路線　京成電鉄

駅も少ないがそれにしても存在感が希薄

足立区の中でも、特にマイナーな鉄道といえば、京成線ではないだろうか。正直、他地域の人は、足立区に京成線が走っているとは知るまい。そもそも、京成線自体がローカル色の強い鉄道で、沿線住民でもなければ上野から成田までの間にある駅など知るまい。海外旅行で成田空港を利用するときでも、よっぽどの貧乏旅行でもなければ、スカイライナーを使うだろうから沿線には、目もくれないというわけである。

この京成線、足立区を走るようになったのはようやく昭和に入ってからと遅い。もともと、多くの鉄道がそうであるように成田山への参拝客輸送が目的で建設された京成線だが、当初の路線は押上〜成田間であった。

もちろん、都心への乗り入れという目標はあったのだが、東武線との競合などが理由でなかなか実現せず、１９３１年になってようやく日暮里までが開通、１９３３年に上野駅まで延伸し念願の都心乗り入れを果たしたのである。

このように、京成線の当初の目的は都心から成田山への参拝客の輸送（現在はこれが成田空港への輸送にかわる）。併せて、戦後からは新たに開発された千葉方面のニュータウンからの労働力の輸送である。こういった事情で建設された鉄道であるから、そもそも足立区は通過地点に過ぎず、それほど重要視されておらず、当時は地域の中核都市であった北千住からかなり遠く離れて、ひたすら都心へと向かう線形になっている。

このため、現在でも足立区の中では「ああ、そんな駅もあったかなあ」程度の扱いとなっているような駅となっているのだ。

とはいっても、開業当初から設けられた駅は２駅。そのどちらもが荒川より南側の千住地区にある。

町外れにぽつんと立つ京成の駅

ひとつは、千住大橋駅。位置的には、北千住の町はずれというのが適当な場所にある。乗り換えのためにあるけないほどの距離ではないだろうけど、徒歩で15分あまりでかなり不便だ。ＪＲ線ならば、日暮里駅、千代田線ならば町屋駅まで行ってから乗り換えたほうがよっぽど便利なため、利用者も少ない。それでも一日平均乗客数は、１万１４０４人だから、東武線の堀切・小菅駅よりは多い。これは、人口密集地域に駅が存在することに加えて、乗り換え駅へのアクセスにそれほど時間がかからないことも挙げられるだろう。

ただ、駅周辺は国道が走っているものの住宅地であり商業施設は少ない（観光の目玉・尾崎ハウスは最寄り駅である）。おまけに、最寄りにあったハローワーク（無いよりましである）も移転してしまい、今後の発展はあまり望めないだろう。

また、駅前の国道を走っているバス系統は、足立区役所〜浅草間を通るものと北千住に向かう循環系統で、本数は少ないが、乗り換えが億劫な人はバスを利用してしまうため、いわば競合対象となっている。東武線竹ノ塚が人の移動の中継点なのに対して、この駅は単なる通過点である。町はずれであることと、駅周辺に集まる必要性が、いっさいないことが、マイナー化する要因の一つであることは間違いない。

さて、もう一つの駅は、京成関屋駅である。こちらの駅は千住大橋駅よりも少々北千住駅に近い場所ではあるものの、やはり町はずれ。ただ、この駅、道を挟んで東武線の牛田駅と向かい合っているのである。（狭い道なので対面というか、ほぼ合体）

そんな至近距離にもかかわらず、駅名がまったく別のものになっているのは、開業当初に競合路線だったことに由来する。だが、現在ではこの駅を乗り換えに利用する乗客も多く、一日平均乗客数は２万３３３３人となっている。ただし停車するのは各駅停車のみである。

バスへの乗り換えルートとしては、近くの千住曙町バス停から亀有駅と浅草方面へのバス路線が、存在している。

このように、京成線の駅は単なる通過地点に佇む駅であるから、商店街が形成されないのは必然である。通勤圏は、駅周辺の住民のみといっても間違いないだろう。しいていうなら杉並区内の井の頭線の無名駅と似たような雰囲気を漂わせている。

また、京成線の魅力のなさも、駅周辺の地域の発展を阻害している要因である。京成線に乗って、たどり着く先はといえば日暮里、そして上野駅である。確かに山手線圏内ではあるのだが、現在となっては都心からはかなり外れた場所に接続してしまっているわけだ。

これに対して、東武線はというと、日比谷線・半蔵門線に接続して直接都心部のそのまた中心へと迎えるわけである。もはや、足立区の京成線は京成関屋駅での乗り換えをウリにして、寄生した存在でしかなくなっているのである。もしも、北千住駅を通過するルートを通っていたら事情が変わったかもしれないが、それは単なる想像にすぎない。

つまり、いくら足立区に鉄道が少ないからといっても、単に通っているだけだと意味がないわけである。その鉄道路線が、どこに接続されているかが大きな意味を持つのだ。

そこで、京成線とならぶ首都圏のマイナー私鉄である京急線と比較してみた。

京急もマイナーだがマイナー具合が違いすぎる

京急線のターミナル駅といえば、品川駅が挙げられる。近年、再開発によって巨大なビルが立ち並ぶ品川駅であるが、やっぱり都心からはちょっと外れた発展途上の地域である。再開発地帯を除けば、昔ながらの工場や家が建ち並ぶ。元来、ソニーが本社を置く地域だったのだが、２００７年にはソニーも移転を発表していることから見ても、経済的に魅力のある街でないことがよくわかるだろう。

そんな品川駅へ接続する、京急線の駅のうち品川区内にあるものを挙げてみる。北品川駅は、一日の平均乗客数７３６４人。新馬場駅は、１万２６１０人。青物横丁駅は、３万８１３９人。鮫洲駅は９８０９人。立会川駅は１万７２４１人となっている。京急線には、鉄道マニアにも知られる首都圏なのに駅前にカラオケスナックしかない小島新田（大師線）というマニアックな駅があるのだが、ここですら川崎に近いという利点ゆえに一日平均乗客数2万483人である。いかに、京急線の中でも閑散としている路線であるかわかるだろう。

やっぱり、足立区に限らず向かう先がダメダメな鉄道路線というのは、不人気になってしまうのだ。

それでも、京急線は京成線よりもマシである。それは、なによりも都営浅草線と連結しているからであろう（この都営浅草線も都心を通っているかといえば少々疑問の残るところ）。

さらに、京急線の場合は、青物横丁駅のように地域の中心として駅が存在しており、周辺にも古くから住宅開発が進んでいるのである。

そもそもからして相手にされていなかった

これに対して、千住大橋駅や京成関屋駅の周辺は、そもそもが町はずれ。開発されるようになったのも最近である。ただ、不動産広告を調べても西新井や

京成線と京急線の一日平均乗降人数

京成電鉄		
	2005	2014
千住大橋駅	11,404	12,949
京成関屋駅	23,333	24,708

京成電鉄ホームページより

京急線		
	2005	2015
北品川駅	7,364	8,918
新馬場駅	12,610	14,915
青物横丁駅	38,139	41,866
鮫洲駅	9,809	9,668
立会川駅	17,241	17,112

京急電鉄ホームページより

竹ノ塚のように魅力のある街ではないのか「北千住から徒歩○○分」という表記ばかり。存在すら無視されている状態である。

駅徒歩5分に住んでいる住民や、京成線の足立区よりも向こうの地域から日比谷線・半蔵門線方面へ通勤している人を除けば利用価値なし。

忌憚無く話せば「まったく使えない駅」なのである。

つまり京成線が、足立区を見捨てたわけではない。最初から足立区に相手にされていなかったのである。

足立区最強の鉄道は地下鉄
区民の大動脈だが区内格差の元凶とも

千住と綾瀬を結ぶメイン路線

現在、東京都内には13の地下鉄路線が運営されており、そのうち足立区内を通っている路線は、日比谷線と半蔵門線、そして千代田線の3路線である。

地下鉄は、ある意味都市の規模を象徴するもので、日本のみならず、世界中の大都市と呼ばれるところには必ずといってよいほど建設されている。

大都市で地下鉄が普及した理由としてあげられるのは、まず他の交通機関と干渉しないこと。土地の狭い東京では、特にこれが重要だったようで、高度成長期に路面電車が地下鉄へ置き換わっていったのは、よく知られるとおり。この、ほかの交通機関と干渉しないために都心部に乗り入れ、かつ定時運行が当たり前という利便性が地下鉄を普及させた理由であろう。

このうち、独自の路線を持っているのは千代田線だけで、日比谷線は北千住から先、半蔵門線は押上を経由して半蔵門線へ向かう形で東武線との直通運転を行っている。

そもそも、地下鉄が直通運転を行うメリットは、利用客が、接続駅で乗換えることなしに乗車駅から目的駅まで向かうことができるという利点である。大都市圏の通勤路線では、乗り換えによる混雑も避けられることから、メリットは大きい。

ただ、同じ東武線を走っているのに、一方は日比谷線で、一方は半蔵門線だったりと、運行系統が複雑になりがちで利用客にわかりにくい。また、ダイヤが乱れたときの影響が広範囲に波及するという欠点もある。にも、かかわらず大都市圏では、利便性を考えて直通運転が盛んに行われている。

私鉄乗り入れによってＪＲを凌駕する地下鉄

当然、地下鉄なくして足立区の発展はあり得ない。東武鉄道は、足立区の中心地を結ぶ大動脈である。ところが、これは地下鉄との直通運転が行われているからであって、もし東武鉄道が本来の路線である、浅草駅行きのみだったらどうなるだろう。足立区は、鉄道を乗り継がなければたどり着けない地の果てである。

じつに、足立区を足立区たらしめているのは、地下鉄の存在なのである。これが、どんなにすごいことかというと乗客の人数で一目瞭然である。東京メトロ各駅の一日平均乗降人数を示してみよう。

北千住駅は、２００５年度平均で31万１５９９人である。綾瀬駅は、48万１３８人、北綾瀬駅は24万３９９８人である。

これに対して、ＪＲの各駅はというと。北千住駅の乗車人数は17万７１０４人。綾瀬駅は2万３３３８人となっている。

つまり、乗客のほとんどは地下鉄を利用して都心へ向かっているわけだ。Ｊ

Rでは乗車人数しか公表していないのだが、圧倒的多数の乗客が北千住駅で地下鉄に乗り換えるのはよく知られるところである。

それどころか、綾瀬駅の数字を見ると、ほとんどの乗客は、地下鉄へ乗車するわけで、ＪＲは影の薄い存在なのである。

さて、足立区のみならず、地下鉄から直通運転をしている路線はいくつもある。ほかの地域の状況も見てみることにしよう。

まず、都営新宿線と直通運転をしている京王新線。笹塚駅の乗客数は一日平均７万９２７９人。ただし、これは本線の乗客数も含まれている。続いて、幡ヶ谷駅は２万９４２５人。初台駅は、５万２２９２人となっている。京王新線自体は、３・６キロと非常に短い路線だが、都営新宿線と接続することで千代田区のオフィス街方面へ直通されるメリットがある。列車の運行形態は、新宿線直通列車のほぼすべてが笹塚駅を起点・終点としている。乗り換えはホームを挟んで向かい側の形なので一度ホームを出る必要はない。

また、東京メトロ東西線は、終点の中野駅でＪＲ中央線と接続されている。直通列車を含めた乗客数は１日11万１０８４人である。一部列車は中野〜三鷹の直通運転をしているが、ほとんどの列車は中野止まり。一度階段を下りて、別ホームで乗り換える必要がある。

同じく東武鉄道が運行する東上線は、和光市駅から東京メトロ有楽町線を経由して、池袋まで直通。和光市駅での乗客数は、12万9882人。以降池袋まで、地下鉄成増駅が3万3868人。地下鉄赤塚駅が、2万6143人。平和台駅が3万3883人。氷川台駅が3万1077人。小竹向原駅が7万8734人。千川駅が、2万8589人、要町駅が2万8977人と続く。

それぞれの路線の様子を見てみると、笹塚は、新宿駅で乗り換えずに都心に直行するためのバイパス路線として機能している。東西線も同じく、都心への直通路線であり、さらに現状すべての地下鉄路線と交差しているので乗り換えには非常に便利な路線となっている。この路線も、そもそもは総武線のバイパス路線として建設されたものだ。東京東部を貫いて千葉方面まで伸びており、千葉県南西部から都心への大動脈ともなっている。

東武東上線は、有楽町線と直通運転で都心を貫通する路線。一応、和光市駅が終点となっているのだが、一部の列車は森林公園駅発の直通運転をする長大な路線となっている。ただし、森林公園駅からの列車は各駅停車のみなので、全線に乗車する利用客はまずいない。小竹向原駅からは現在、有楽町新線池袋駅までの列車が設けられているが、こちらは２００８年に開業する地下鉄副都心線の一部となり、池袋から新宿、渋谷へ向かう山手線のバイパス路線として運行される予定となっている。

これらの路線と、北千住駅をターミナルとしている足立区内の路線を見てみると、いくつかの差異が出てくる。

千住地区の地位が地下鉄によって強化

まず、北千住駅には乗り入れる路線の数が多い。２００５年からは、つくばエクスプレスも開業したことで、４社５線が乗り入れている。笹塚駅は１社２線。中野駅は２社２線。和光市駅は２社２線と考えると、北千住駅はターミナルとして巨大な規模となっていることがわかるだろう。それは、前にも述べた一日平均乗客数にも明確に表れているとおりだ。

さらに、ほかのターミナル駅の場合は、乗り換えができる路線は、バイパス路線という言葉で表されるとおり、乗り換えたほうが多少目的地が近くなる程度のメリット。

例えれば、木が枝葉の部分で分岐しているような状態である。それに対して、北千住駅は幹である。この駅を境に都心に伸びる路線は、どれもまったく別の方向へと向かうわけである。

ただ、副都心線開業後の和光市駅は有楽町方面と渋谷方面という二つの副都心に向かう路線を持つようになるわけだから、北千住駅に近い状況となるだろうと考えられる。

駅周辺の状況を見てみても、ターミナル駅としての威容がある北千住駅に比べて各駅の周辺はあまり賑わっているとは思えない。同じホームで乗り換えが済んでしまう、笹塚駅などはその最たるもので、駅周辺は単なる住宅地である。

また、足立区の場合は都心に出る時に一旦、北千住駅へ行ってから乗り換えというルートを取るわけだが、ほかの路線の場合は新宿・池袋に行ってしまうので、単なる通過地点に過ぎないわけだ。

確かに現状では、路線の大小がそのまま街の発展に貢献しているわけではない。副都心はいずれも東京西部から南部に築かれているので、北千住駅周辺はターミナル駅でありながらも、まだまだ古い街が残り、発展から取り残された感じがする。

例えば、踏切が多い。死亡事故が発生した竹ノ塚駅周辺の踏切の多さは知られているが、北千住駅に発着する路線も踏切がまだまだ多い。

ただ、足立区では首都圏北東部の中心として北千住一帯の地位を確立することを構想している。その時に、この地下鉄の利便性が最大のウリになることは間違いないだろう。

東京メトロの乗降人数

	2005	2014
北千住駅	311,599	288,610
綾瀬駅	480,138	436,961
北綾瀬駅	24,399	26,588

JR の乗車人数

	2005	2014
北千住駅	177,104	202,415
綾瀬駅	23,338	14,698

京王線の乗降人数

	2005	2014
笹塚駅	79,279	75,401
幡ヶ谷駅	29,425	20,138
初台駅	52,292	57,610

地下鉄　東西線の乗降人数

	2005	2014
中野駅	11,1084	147,773

地下鉄　有楽町線の乗降人数

	2005	2014
和光市駅	120,982	170,122
地下鉄成増駅	33,868	47,857
地下鉄赤塚駅	26,143	34,129
平和台駅	33,883	40,304
氷川台駅	31,077	37,700
小竹向原駅	78,734	159,115
千川駅	28,589	35,531
要町駅	28,977	36,955

各社サイトより

ターミナル駅として発展を遂げた北千住駅。綾瀬駅の弱点は、路線が貧弱な点に尽きる。

盲腸線という存在ゆえにローカル色が強い綾瀬〜北綾瀬間だが北綾瀬周辺は住宅地のため日中もかなり混雑

かなり変わった足立区の発展バランス

長らく鉄道網の主役だった地下鉄路線は大きな「過渡期」に入ったようだ。前の頁で紹介した各路線の乗降人数（ＪＲは乗車人数）をみると、それは歴然としている。

人口増の続く２０１０年代の東京23区において、ほとんどすべての路線は利用者を大きく増やしている。足立区と同様にマンション開発の盛んな板橋、練馬を通る有楽町線の伸び率をみれば、いかに再開発が効果敵かがよくわかるというものだ。しかし、「地下鉄」沿線に限ってみれば、足立区では大幅な利用者減となっている。特に綾瀬駅が顕著で、なんと約5万人の減少。これは、もろに「再開発の進行具合」と比例関係にあるようにみえる。

綾瀬は、80年代に商業ビルの出店が相次ぎ、旧態依然としていた北千住などに比べ、大きく発展していた街だった。だが、30年の時間は残酷だ。遅れて開発の進んだ北千住はその勢力を回復し、相対的に綾瀬の地位が低下したのがここ最近。２０１５年には東口のサンポップ、エトセトラが閉館し、綾瀬の衰退が目にみえる形となっている。

が、このまま綾瀬が沈んでいくことはないだろう。サンポップ、エトセトラは住友不動産が買収した。つまり、大資本による大規模な再開発が行われるのはほぼ確実な状況だ。そもそも綾瀬は千代田線沿線という恵まれた土地だ。住環境が向上すれば、足立区の地価、家賃が安いというアドバンテージを最大限に活かせる。綾瀬駅周辺の再開発はまだ構想を練っている段階だが、商業施設併設型の高層マンションを開発したい！　という相談が多数あったという情報も。綾瀬の沈没は一時的な現象で終わる可能性は高いだろう。

一方、車庫があるから「ついでに作った」ような存在だった北綾瀬駅周辺は一歩先に再開発の恩恵を得ている。つくばエクスプレスの開通で、北綾瀬は六町駅にも近く、複数の路線を選択できるという恵まれた土地柄になったことが大きい。ぽつぽつと新築マンションも建ち始め、北綾瀬駅の利用者も増加傾向にある。北綾瀬駅のホーム拡張計画も進行中だ。大きなミスさえなければ、綾瀬は今後、かなり「期待できるエリア」になるのではないだろうか。

足立区を蘇らせる期待の星つくばエクスプレス

開通当時は効果がみえづらかったが……

近年、東京23区には都心回帰と郊外化という二つの相反する現象が同時に発生していた。

2000年頃から都心には急速にタワー型マンションが建設され、職住近接の立地形態が持て囃された。

その一方で、利便性よりも落ち着いた住環境を求める人々によって郊外の低層マンションも数多く建設された。しかし、そのブームも一段落。なぜなら、これまで便利とされていた地域にはもう土地の空きがないからである。

「不毛の地」をつくばエクスプレスが救う？

そんな中で注目を集めているのが、足立区東部を走る、首都圏新都市鉄道つくばエクスプレス線、通称・つくばエクスプレスの沿線地帯である。

そもそも、バスなど他の交通機関に比べて、遙かに大量輸送が可能な鉄道は、地域を発展させる最大の要因である。たとえば、「鉄道忌避伝説」というものがある。明治以降に鉄道が建設されるときに、宿場町などが客を奪われることを恐れて、地域に線路が敷設されることを拒否したがために、発展から取り残されて町は寂れてしまった…。最近では、それは単なる都市伝説といわれている。だが、たとえそうであっても、鉄道の存在が地域が発展する大きな要因となったことは、足立区なら、西新井や竹ノ塚。杉並区なら高円寺や阿佐ヶ谷を見れば一目瞭然である。港区の麻布十番など、地下鉄が開通する以前は、訪れる人も少ない知る人ぞ知るスポットだったわけだが、現在ではちょっと変わった街を楽しみたい人々が気軽に訪れる凡百の観光スポットと堕している。

実際、バス１両の定員が50～60名程度なのに対して、鉄道の通勤車両の定員は1両でその2倍以上、さらに鉄道は車両を複数連結して運転するのが当たり前。にもかかわらず、1編成に運転手・車掌の2名がいれば十分だ。バスが1両に対し運転手1名必要なことを考えれば、いかに効率的な輸送機関かわかるだろう。

沿線に大規模な人口を抱える地域ならば、鉄道が開業した地域が発展するのは確実、いや発展しなければ絶対におかしいのだ。

さて、件のつくばエクスプレスもそんな右肩上がりの発展を約束された路線のひとつである。

そもそも、この路線が計画された目的は輸送力がパンク寸前だった、常磐線のバイパス路線としてであった(開業前の通称・常磐新線はこれによる)。また、開業前から「首都圏最後の通勤新線」と呼ばれていたように、この路線は首都圏に残された最後の鉄道空白地帯であった。この路線が開業する前まで、沿線住民の主な交通機関はバスのみという不便を強いられていたわけである。

だが、この路線の開通によって、沿線はガラリと風景を変えた。マスコミ等で注目されているのは、もっと奥地の茨城南部、つくば市の一帯だったが、足立区の風景も変わった。

そもそも、当初の乗客予想では一日あたり13万5０００人が予測されていたのだが、実際には２００６年度は一日あたり15万7０００人となっている。これに伴って、本来の計画であった東京駅までの延伸も現実味をもって検討される段階となっている（将来の、東京駅延伸を考えて秋葉原駅は最深部に建設されている）。東京駅まで、路線が拡大されれば、よりスムーズな乗り換えによって都心との交通網が確立されることは間違いない。

さて、このつくばエクスプレスの足立区内の駅は、北千住駅・青井駅六町駅の３つ。うち青井駅と六町駅は、新設の駅である。

注目度に比べて乗客数はあんまり多くない？

それぞれの駅の乗客数は、２００７年３月１日現在、北千住駅が２万７７００人、青井駅が４７００人、六町駅が７４００人となっている。

これは、意外に少ないと感じるのではないだろうか。これまで、鉄道空白地帯であり、新線が開業したことで多くの人々が、これまでの竹ノ塚駅や西新井から流れているのではないかと思ったのだが……。これは、開業当初から論議されていたつくばエクスプレスの欠点が影響しているようだ。例えば、池袋方面へ向かう場合には、北千住駅から西日暮里駅で千代田線に乗り換えて、山手線という経路になり時間もかかるし、乗り換えの手間もある。さらに、秋葉原駅自体も、オタクの街として持て囃されてはいるが、結構中途半端だ。総武線と山手線と京浜東北線、日比谷線だけでは、物凄い使えない感じもする。その結果、よほど駅の近くの住民でもなければ、従来のバス路線を使って都心へ出ることになってしまっているようだ。

確かに、足立区内の路線も無人の荒野を走っているわけではない。青井駅前には、小規模ながら商店街が存在するし、スーパーやコンビニも整っている。しかし、六町駅前の場合はというと…、スポーツセンター等、とても23区とは思えない風景。なにしろ、駅前から竹ノ塚駅方面のみならず八潮駅方面のバスが発着しているので、場合によってはこちらのほうが便利なことこの上ない。

しかし、このままローカルな役立たずの駅に終わってしまうかといえば、そういうことはない。周辺の住宅地を歩いてみると、近代的なマンションや、ちょっと広めの整備された道路沿いには、瀟洒な一戸建てが並び、とても足立区とは思えない光景だ。むしろ、世田谷区風の住宅地が並んでいる。

　これらの住宅開発が進んだ要因はやっぱり、つくばエクスプレスがあったから。もし、この路線がなかったとしたら、誰も寄りつかない陸の孤島である。

　そんな無人の荒野が、一大都市となった事例としてあげられるのは、東京臨海高速鉄道、通称・りんかい線ではないだろうか。

　こちらは、ある意味足立区よりも酷い。なにしろ、足下はゴミの山でできた埋め立て地で膨大な空き地が広がっていた。

　ところが、である。現在ではフジテレビの移転に始まる大規模な開発によって、巨大な商業施設が建ち並び、高層マンションが次々と建設されているのだ。かつて、都市博の中止によって放棄され、ヒマなカップルか休憩中のトラックくらいしか姿を見なかった、東京テレポート駅周辺も、いまでは大変に混雑している。

　さて、このりんかい線の歴史は古く、高度成長期に東京外環状線の一部として計画されたもの。当初は貨物輸送をメインに、武蔵野線等、東京の外環を結ぶ鉄道として計画されたものだった。しかし、国鉄民営化と共にその計画は一時中断。1995年に開催が予定されていた世界都市博覧会、に伴う旅客輸送のために旅客線として開業したものである。

一時は都市博中止によって、存在すら危ぶまれたのだが、現在では東京臨海部の通勤路線として混雑している。

乗客数を見てみると、大井町駅が4万7102人。品川シーサイド駅が2万2204人。天王洲アイル駅が2万8378人。東京テレポート駅が、4万1538人。国際展示場駅が3万7999人。東雲駅が、7159人。新木場駅が、4万5194人となっている。

この沿線が短期間に発展した理由は、沿線に住宅街が開発されていると共に、商業地も形成されていることだろう。また、銀座・新橋といった商業地・オフィス街に近接しているということもある。

とはいっても、高層マンションが次々と建築されているハズの東雲駅の乗客数は、ちと少ない。と、考えると鉄道が開通し、駅ができたからといって急に

つくばエクスプレスとりんかい線の一日平均乗降人数

つくばエクスプレス		
	2005	2015
北千住駅	27,700	44,600
青井駅	4,700	6,201
六町駅	7,400	13,453

一日平均乗降人数 2007年3月1日現在　つくばエクスプレス広報問い合わせ

りんかい線		
	2005	2014
大井町駅	47,102	79,255
品川シーサイド駅	22,204	43,238
天王洲アイル駅	28,378	33,909
東京テレポート駅	41,538	61,926
国際展示場駅	37,999	66,937
東雲駅	7,159	12,995
新木場駅	45,194	61,537

りんかい線は、2007より非公表のため　東日本鉄道広告会資料より

乗客が殺到するということもないようだ。

青井駅や六町駅周辺も、ようやく住宅が建ち並び町の発展はこれからということ。将来、郊外の住宅地としての地位が定着すれば、日常生活に便利な施設もそれなりに整い、乗客数も増加するだろう。

まだだいぶ、時間はかかりそうだけどね。

商店街の外れに建設された青井駅。駅の周囲を最近できたばかりの建て売り住宅とマンションが囲んでいる

ロータリーが立派な六町駅前のマンションはまだ建設中。周囲にはスーパーが一軒あるのみで住むには不便

開発のしやすさが光る六町に注目

開通当初は「何もない場所に鉄道が通っただけ」な感じだったつくばエクスプレス沿線も、10年の時を経て順調に利用者を増やし、ようやくその効果がみえてきた。だが、駅周辺の発達具合はといえば、今もそれほどの変化はみえない。特に六町は、スーパーとロータリー以外はとくに何もなし、という妙に田舎町テイストだ。だが、六町には柔軟な発展を「しやすい」素地がある。実は、六町駅周辺のそこそこ広いエリア（３千坪くらい）が、区の管理地になっているのだ。つまり、方針さえ決まってしまえば、スピーディな開発を行うことが可能なのである。

そう考えると、「ロータリーしかない空き地」な六町駅周辺は「理想の街作りを自由に行える真っ白なキャンパス」へ一変する。具体的な計画の検討や住民への説明は２０１６年より開始される。六町は、足立区が「これからどのようなビジョンをもっているか」が試される、重要な場所なのである。

バス&チャリオンリー地域足立区西部に新交通が通る?

計画はすばらしいが?

つくばエクスプレスの開通によって、鉄道空白地帯を大幅に縮小することに成功した足立区。2008年には、空白地帯がさらに縮小する予定だ。それを可能にするのが、足立区西部を南北に貫いて走る、新交通日暮里・舎人線。正式には日暮里・舎人ライナーである。

新交通とは、ゆりかもめのアレである。輸送量としては、鉄道とバスの中間程度、振動・騒音などが少ないといった利点もあり80年代に地方自治体で一種のブームとなった(初めての実用化は、神戸市のポートライナー)。ところが、現在日本にある新交通9路線のうち、5路線は赤字となっており少々不安も残る。うち、２００６年に廃止されてしまった愛知県の桃花台新交通桃花台線の問題点としてあげられたのが、接続路線の問題だ。名古屋市内に出る場合に、新交通から名鉄名古屋線に乗り換えてさらにバスか徒歩で地下鉄駅に移動と、やたらと不便であった。また、沿線のニュータウンの人口が予想よりも増えなかったことも挙げられている。

それでは、日暮里・舎人ライナーはどうだろうか。

まず、路線は日暮里駅から西日暮里駅を経由して、足立区北西端の見沼代親水公園駅までとなる。足立区内には、9駅が設けられる予定だ。これによって、足立区でも特に鉄道に不便を感じてきた、舎人地区では約20分で日暮里駅まで行くことができるようになる。

このほか、建設を行っている東京都交通局は、道路渋滞の緩和・並行鉄道路線の混雑緩和・沿線の活性化を広報でＰＲしている。現状、舎人地区から日暮里方面へ向かうバスは一路線のみ。となると、日暮里方面への移動時間も短縮される新交通に乗客が流れるのは間違いない。

ただ、80年代にあれだけ持て囃された新交通なのに最近、新規に建設される路線は絶無（足立区の計画は、1985年以降。当初は地下鉄予定だったが建設費が安くなる見込みだったので転換）。

というのも、新交通は維持費が高いのである。地下鉄路線とは接続されているものの、微妙に「使いにくい」駅である日暮里・西日暮里との接続のみで、十分に採算が取れるのか、少々不安である。

とはいっても、公共交通の使命を考えれば採算無視で建設を行わなければならない場合もある。その代表格が都営大江戸線だ。

大江戸線並みの覚悟で足立区西部を救えるか？

2005年度の決算によると、都営大江戸線の運賃収入は38億8130万円。但し、減価償却後収支は200億6667万7000円の赤字となり、国内の公営地下鉄路線では最も赤字額が大きい状態だ。要は乗客が少ないので、運行すればするほど赤字なのである。どのくらい乗客が少ないかというと、例えば飯田橋駅～新宿西口駅間は、朝のラッシュ時以外は必ず座れる。というより、ガラガラである。単に経営面から見れば、こんな赤字垂れ流しの路線をつくったことは問題だろう。しかし、これによって新宿区西部・港区南部といった、都心なのに移動手段がバスだけという陸の孤島が消滅した。東京都交通局は、開通一年で人口が増加し、土地の資産価値も上昇したことも強くアピールしている。たとえ、新交通自体が赤字垂れ流しになっても沿線が活性化することは、間違いないだろう。

しかし、である。この新交通が開通しても、まだまだ鹿浜地区などは陸の孤島として残されている。また、東西には移動手段は依然としてバスのみ、さらに都心への接続は、どれもちょっと寂れた街ばかりである。その問題を解決するための構想は、すでに幾つも提案されている。

まず最初に、東武大師線のことを説明しよう。この路線は、約１キロの盲腸線で、鉄道マニアにはよく知られた特殊な路線。駅を降りると最寄りに西新井大師があり、参詣には大変便利である。しかしながら、別に参拝用の鉄道路線として建設されたわけではない。

当初の計画では、この先を鹿浜を経由して上板橋で東武東上線と接続する予定路線だったのだ。しかしながら、計画がなされた大正末期から昭和初期に経済恐慌など様々な要因が重なって建設は中止されてしまった。もし、この路線があれば、足立区の風景も今とは違ったものになっていたと思うと、残念である。

そんな、東西貫通の夢を、再び現実のものにしようとする計画は既に立案されている。それが、エイトライナー・メトロセブンという計画である。2000年1月に運輸大臣（当時）に答申された運輸政策審議会答申「区部周辺部環状公共交通」として示されたこの計画。まず、足立区も参画しているメトロセブンは、仮称を環七高速鉄道といい、赤羽駅から葛西臨海公園方面へ、環状七号線の道路に沿って建設する計画だ。

足立区内で駅建設が想定されるのは、新田・鹿浜・西新井・梅島・六町と広い。ちなみに、葛西臨海公園では、JR京葉線との接続が考えられている。この建設運動には足立区のみならず、江戸川区と葛飾区も賛同している。さらに、この計画を壮大なものにさせているのは、大田区・世田谷区・杉並区が建設を目論んでいる、エイトライナーの存在だ。これは、環状8号線に沿って練馬・

板橋方面へ向かう鉄道を建設する計画で、赤羽駅でメトロセブンと接続することになる。最終的には、山手線と武蔵野線の中にもうひとつの環状線ができるという計画だ。

計画はいいんだけど本当に出来るのか？

しかし、あくまで計画である。現在のところ具体的に地下鉄か、高架かという点はもちろん、どういったルートを通るのか調査すら行われていない状況で、まだまだ実現への道は遠い。

実現性はともかくとして、東西貫通は足立区にとって悲願。ほかにもいくつかの試案が示されている。そのひとつが、池袋・竹ノ塚新線計画だ。これは、東武伊勢崎線の竹ノ塚から池袋に直行する路線を建設する計画。これによって、足立区にとってのネックであった山手線西部へのアクセスが大幅に改善される（竹ノ塚〜池袋間が約半分の時間で行ける見込み）。ルートについても、様々な案が出されている状況だが、王子を経由するルートを取った場合、足立区内では鹿浜・宮城の鉄道空白地帯が解消される見込みだ。

また、地下鉄有楽町線を豊洲駅から北方へ分離して、千葉県野田市まで延伸する計画もある。想定ルートでは、常磐線の横をかすめる路線になる。しかし、東京メトロでは副都心線の建設をもって新規路線建設の終了をアナウンスしており、実現性の見込みはまったくない。

と、ここまで示してきた鉄道計画は、いずれも都心へどうやって到達するかが目標となっている。路線図をみれば一目瞭然だが、23区の鉄道はいずれも山手線から放射状に広がる路線を描いている。

これが、どういった結果をもたらしたかというと、都心部へは便利だが同じ区の中を異動するのは不便という事態だ。杉並区の場合、南北をつらぬくのは井の頭線のみ。品川区では東西を横断する路線は大井町線のみ。と、どこの区でもかなり不便な状況となっている。こうした他地域の状況を顧みて、足立区は都市計画の中で交流軸の形成を重視している。

もっとも必要なのは、先に示したように東西の鉄道空白地帯を埋める路線なのだが、それはまだ実現性の薄い話だ。そのため、まず重点が置かれているのが道路整備だ。区内の道路では、まず東西方向の整備が優先的に進められており、併せてコミュニティバスの路線を拡大することで区内での交流軸の形成が推進されている。

また、地域の拠点となる駅周辺を整備することで、地域コミュニティの推進が計られている。これまで、足立区の中心といえば北千住駅中心だった。足立区では竹ノ塚駅・西新井駅・綾瀬駅・六町駅・江北駅周辺を整備し、地域の核としての地位を高めようと計画している。

鉄道なら遠い話だが、これなら確かに成功しそうである。

※　※　※

２００７年時点では、このように疑問だらけの存在だった日暮里・舎人ライナー。大変申し訳ありませんでした。開通当初の２００８年に５万人弱だった一日平均輸送人数は、２０１４年には７万人を突破。混雑率は１８７％に到達し、「相当混んでいる」路線となった。「通勤ラッシュが混みすぎていて車内で骨折する」などと揶揄される小田急が１８９％、東急田園都市線が１８５％である。つまり、大成功を通り越して「地獄路線」となってしまったのだ。

そもそも、この路線の需要は約5万9千人と予測されていた。それを1万人以上上回る結果となっているのだから、こうなるのも当然。といいたいところなのだが、管理を行う東京都も手をこまねいていたわけではない。2009年には早くもダイヤを改正し増発。2011年にもさらに増やした。その上でこの187％なのである。2014年から2015年にかけて、さらなる増発が行われ、多少は改善されたが、せいぜい「地獄路線が辛い路線になった」程度。

通常、新しい鉄道路線の失敗といえば「思ったほど利用者数が伸びず赤字」になるケースだが、日暮里・舎人ライナーはその逆。需要の大きさを読み違っていたわけだ。それを如実に表すのは車両の安全基準。当初採用された車両は、乗客を「詰め込みやすい」ロングシートにすると重量オーバーになりかねないという貧弱なものだった。しかし、乗客は待ってはくれない。結局、座席の数を強引に調整してなんとかしのぎ、2015年には早くも新型車両の導入となった。しかし、それでも混雑の完全な解消には遠い。しかも、沿線地域の住宅開発などはまだまだ序盤。利用者はますます増えるだろう。新たな頭痛の種が生まれてしまったというのが、日暮里・舎人ライナーの現在である。

将来的には埼玉県鳩ヶ谷市への延伸も計画されているが、埼玉高速鉄道線との競合などの問題で完成は未定

幹線道路上に建設されている。周辺はコンビニ程度しか見えないが少し離れた場所では住宅建設ラッシュに

新区民vs旧区民　ラウンド4　行列・飲み方etcマナー対決！

細かいことに激怒する了見の狭い新区民たち

2009年6月に、区民らでつくる足立区のイメージアップをはかることを目的とした「あだち観光円卓会議」が開催された際、参加者から「たばこのポイ捨てがなくならない」や「自転車のマナーが悪い」といった、意見が出されたそうだ（『朝日新聞』2009年6月7日朝刊より）。

案外フツーである。このような問題は、東京23区のいたるところで、同様に問題にされている。そして、足立区が特にスゴいというわけでもない。タバコのポイ捨てなんて、足立区でも、そうそう見かけない。というか、近年盛んな嫌煙の風潮によって首都圏では、喫煙場所以外でタバコを吸っている人を、あまり見かけない。地方都市にいくと、未だに歩きタバコをしている人は、当たり前のように目につく。それらと比較すると、足立区はだいぶマシである。

足立区の自転車はまずぶつからない

自転車マナーも道路を塞ぐかのように駐輪している様を除けば、さほどヒドいとは思えない。まず、たいていの人がママチャリに乗っているのでノロノロ運転。よって、人にぶつかってくることも少ないし、歩行者も、ぶつかる前に避けることができる。それに比べると、都心のほうがもっと危険だ。エコブームやら勝間和代やらの影響を受けて、移動手段を電車から自転車に切り替え通勤に使っているサラリーマンの姿もよく見かけるようになった。ところが、急速な普及にマナーは追いついていないようで、歩道を、レースのごとく疾走している自転車が目につく。せっかく、高性能の高級自転車を買ったのだから、速く走らないと損だと思っているのだろうか。しかし、足立区では、そんな自転車は見たことはない。自転車に乗っている人間のガラが悪かったりするのは、仕方がないけれども、自転車で暴走なんてあまり見かけない。なにしろ、街道は車がいっぱいだし、場所によっては道が細くて危険だしね。

つまり、足立区でタバコのポイ捨てとか自転車のマナーとか、言いだしてもまったく無意味なのだ。足立区には足立区なりのマナーが存在し、それによって回っているのだから。

足立区には足立区の人生のルールがある

それでも、足立区のマナーの悪さを取り上げて、批判したい人は足立区民にもたくさん存在する。それは、足立区に住んで、まだ日の浅い新区民たちだ。彼らには、旧区民のやっていることは、何もかもが異常に見えるのだろう。だが、足立区は、ひとつの村社会である。そこでは、独自の社会規範が存在し、それによって世間が回っているのだ。ゆえに、足立区なりのルールにケチをつける新区民は「郷に入っては郷に従え」ない困った人たちといえるだろう。

実際、足立区の旧区民のモラルに低さがあることは否定しないが、ルールを守らないわけではない。足立区にも行列ができる店はたくさんあるが、列を乱したり割り込みをしている人を見かけることはない。けっこうどこに行っても「いかにも悪そう」な人がいたりするが、彼らもちゃんと列に並んでいる。

この背景には、旧区民の世代には足立区独自のローカルルールを学ぶ手段が存在し、それを通過することが当然だったことが挙げられる。２００９年７月から翌年２月まで、足立区内の銭湯では土・日に小中学生と、同伴の大人を対象に料金の割引キャンペーンを行った。この時に、銭湯がアピールしたのが「銭湯は教育施設」というものだ。

もはや昭和の話なのだが、銭湯は有益な教育装置の役目を果たしていた。風呂の入り方はもちろんのこと、共有物の使い方。(現在でもそうだが)だいたい、どこの銭湯でも、ボス的な常連客がいて、そうした人々を通じて人との距離の取り方とか上下関係を（時には暴力も伴って）身体に叩き込まれる。そんなことも、当たり前に行われていた。

銭湯だけではない。様々な場所で、そうした人生を学ぶ機会は存在した。モラルの低いヤンキーでも、仲間に手を出したりしないことや、上下関係の厳しさは、こうした日常的な教育によってつくられていたのだ。

対して、マンションを購入して流入してきた新区民はどうだろうか。彼らは学歴はあるのだろうけれど、所詮は引かれたレールの上を走った人生を送ってきただけ。ゆえに、酒の席では酒のつぎ方も知らず。痛みを知らないから店員に横柄な態度を取るのも当たり前だ。要は、マンションを買うくらいの小銭を稼ぐ才能はあっても、社会性は旧区民よりも低いのだ。ゆえに、普段はモラルの高そうな振る舞いをしていても、裏側はとんでもない。

例えば、喧嘩をしたとき旧区民と新区民と、どっちがやっかいかを考えてみればいい。そもそもが、ヤンキー気質の旧区民ならば、その場で殴り合っても、すぐに仲直りできる可能性が高い。また、揉めるようなことがあっても上下関係に厳しいから、すこし地位の上の者が出てきて、あっさり解決するだとう。

これが、新区民だと……まず、殴った時点で通報されるだろう。おまけに、すぐに弁護士を立てたり、告訴だ慰謝料だと言いだして、挙げ句の果てには、ブログとか2ちゃんねるとかで匿名の告発を始めるに違いない。要は陰湿なのだ。まあ、マンション買って守りに入ちゃった人々の事情ってやつを考えると、仕方がないのかもしれないけどね。

第5章
変わりゆく足立区

改善された足立区と失われた足立区

予想を超える人口増時代

21世紀に入り、日本は本格的な少子高齢化、人口減少時代を迎えている。そんな中、東京は例外的に人口を増やしている。なぜ東京だけが人口増の傾向にあるかというと、それこそ少子高齢化が原因だという。つまり、地方の人口が減り高齢化が進むとその地方で「仕事が減る」のだ。確かにそうだろう。単純な話で考えれば、子どもが減れば教師の数は余るし、高齢化が進めば若者やファミリー向けのビジネスは需要が減る、といったところだ。地方には仕事がないから、仕事のある東京へ人は向かうのである。

もちろん、人口が増えるということは、悪い話ではない。地方の衰退は一旦忘れ、東京の都合だけで考えると、人口が増えればものは売れるし、自治体は税収が上がって公共サービスやインフラの整備が進む。東京全体が豊かになれば、多くの東京都民の給料もアップするという図式である。

この人口増加という波を、足立区も大きく受けている。１９７５年から２００５年の30年間、約60万人程度で推移していた足立区の人口は、２０１６年現在、68万人を超えている。２０１３年に足立区がまとめた『足立区の人口推計業務調査報告書』では、２０１６年の予想人口が約66万６千人。わずか３年前の予測ですら、大幅に上方修正されているのだ。この報告書では、人口のピークが２０１４年頃になるとされていたが、この増加具合からみると、もうしばらく人口は増え続け、とりあえず70万人くらいまでいってしまうのではないだろうか。

ただ、この「しばらく増え続ける」という予想も、実は甘いのかもしれない。もしかしたら、足立区はこの先、さらなる人口大増加時代に突入するかもしれない。２０１５年の23区人口増加率ランキングをみると、もっとも人口が増えたのは千代田区の約５％。中央区の約４％、港区の２・４％が続き、それ以下は1％台の増加である。この中で、足立区はトップ10にランクインしていないのだ。２０１６年1月から5月の人口増加データをみても、足立区の人口増加スピードは、東京都の中では鈍い。しかし、足立区は現在急速に発展している。つくばエクスプレスと日暮里・舎人ライナーの開通で、これまで「未開の地」だった広大なエリアが「住みやすい土地」となった。それでいてまだまだ人口増加のスピードが遅いということは、「都心部に遅れて、これから大規模な人口の増加が起こる」と予想することも可能だろう。

本書でみてきた通り、そもそも足立区はイメージが悪く、都内では人気のない土地だった。人口増加のスピードが、他の地域に比べて鈍いことの、大きな理由のひとつだろう。しかしだ。なんぼ高層マンションが現代の主流だといっても、所詮は狭い東京。土地には限りがある。現在人気の高い千代田区や中央区も、近くマンションを建てる土地がなくなるだろう。臨海エリアの開発で、爆発的に人口を増やしていた台東区の増加率が著しく落ちたのは、まさにこれが大きな理由。ということは、まあ「他に物件がないから妥協して足立区」なのかもしれないが、将来的に足立区を選択する人々が増える可能性は、大きいと考えておいたほうがいいだろう。

足立区のイメージ改善も同時に進む？

さて、現在人気の都心部の開発が飽和し、住むところのない人々が足立区にやってくるとしよう。そこで何が起こるだろうか。

おそらく「足立区ってすごく良いところだよ！」という風潮が生まれるだろう。これまでは、実際不便なエリアが多かったし、治安もよいとはいえなかった（少なくとも自転車が頻繁に盗まれる土地ではあった）のだが、もっとも大きかった鉄道の問題はすでに改善が進んだ。犯罪だって減ったのは、すでにみてもらった通りだ。もともと、足立区はその実態よりも「悪く」みられてきたわけだが、現在では、その「イメージと実際との差」がさらに広がっている。そして、これからマンション開発や宅地開発をやる連中は「人気のない足立区に土地や部屋を買って」もらわなければならないのだ。

これを成し遂げるためには、イメージ戦略が必要になる。「安くて便利な足立区」「都心まですぐ！」「子育てには最適！」なんて広告が、広く出回ることだろう。というかすでに数多くみかけるようになった。

とりあえず、足立区民としては、これは歓迎できる。なんたって、不必要に「悪い」イメージをもたれていたのだ。いわれのない差別ほど、理不尽なものはない。その経緯が「消去法でもう足立区しか残っていないから仕方がなく」であったとしてもである。

足立区の良さも変貌する？

しかしだ、何かひとつのことがよくなれば、それによって失われる良さもでてくる。足立区が発展すればするほど、今の足立区の良さも失われていく、もしくは、変貌していくだろう。

単純な話でいけば、まず失われるのは「安さ」だろう。人気が出れば、値段が上がるのが資本主義の絶対真理。新築のマンションが高くなるのは仕方がないにしても、地価が上がればボロアパートの家賃も上がる。住居の品質よりも、その価格に魅力を感じて足立区に住んでいた人がいたとすると、相当に迷惑な話だ。地価の高騰が起こると、小売店の値段にも響いてくる。今までなぜ足立区が「なんでも安い」土地だったかといえば、店舗の家賃も安かったからだ。飲食店などはとくにこの相関関係がダイレクト。地価の高い銀座や六本木などはどこの飲食店も値段が高いわけだが、そのもっとも大きな理由は家賃だ。実際、2014年から2016年にかけて、足立区の平均店舗賃料は増加傾向にある。今のところは非常にゆるやかな動きだが、足立区に人口が集中するような事態が起これば「急騰」も覚悟しなければならない。

例えば、綾瀬などは近くダイレクトにこの動きがあるかもしれない。駅前の商業ビルの再開発が確実になった上に、周囲の北綾瀬、六町の開発もある。生活環境は向上するかもしれないし、活気も増すだろうが、それにともない「安さ」は多少なりとも失われていくだろう。

もうひとつは街並みだ。多くの人に共通する課題としては、足立区のアドバンテージである「緑」が減っていく恐れがある。足立区の特徴に、古い公営アパートの存在がある。かつて、戦災にあったビンボーな下町民を収容するために作られた急造住宅をルーツにもつそれらは、一種足立区が「ビンボー」であることの象徴だった。これらは老朽化が進み、建てかえが急務。古い公営アパートは、必然的に最新型の高層マンションへと変貌していくだろう。街からビンボーくささが排除されるのは歓迎したいところだが、古い公営アパートは、その多くが「庭」をもっている。建物の周りには、多くの樹木が植えられているのだ。これをぶっ壊して新しく高層ビルを建てると、それらの樹木がなくなってしまうケースは多い。

幸い、足立区は公園が多く、全体としての緑化率は一定レベルで保たれはするだろうが、住民の感じ方は違う。そもそも、足立区の一戸建ては「庭なし」の小型住宅が多く、道を歩いていて緑をみることの少ない土地だ。これまでは、その合間合間にある公営アパートなどが「緑地成分」を提供する役割の一翼を担っていたわけだが、それはなくなってしまうかもしれない。「公園以外では緑がない」区になってしまうかもしれないのだ。それこそ、千代田区や中央区のように。

学力不均衡で学校がギスギス？

足立区の課題に、学力の低さというものがあった。そもそもビンボー人の多かった足立区と、学力の低さは密接な関係にある。貧富の差というものは、そのまま学力格差とイコールであるのだ。しかし、これも改善に向かっている。足立区の行っている丁寧な学童ケアや、それぞれの学校の努力、相次ぐ大学の進出などが、その原動力だろう。だが、今後急速な人口増加が加速した場合、この地道な努力に水がさされる可能性もある。平均的に低かった学力を、みんなでいっしょに少しずつ改善している中に、それよりも遥かに学力レベルの高い新規住民の子どもや、もしくはさらに学力レベルの低い子どもが混ざってきたらどうなるだろうか。学校、というか人間の集団というものは、飛び抜けて優秀な者や問題を抱えている者を排除する傾向にある。せっかく改善されてきた足立区の学校が、新規住民の子どもによって「勉強のできる子どもがいじめられ」たり「被差別階級」ができてしまったりすることだってありうるのだ。残念な話だが、この問題は、ほとんどの大人が「身に覚えのあること」のはずだ。こうした問題がすでに起こっているという話を耳にしている。そりゃそうだ。なんといってもここ10年で5～6万人も人口が増えているのだ。当然、それまでの足立区の「平均」とはかけ離れた子どもだって増えたのだろう。今はまだ、区全体の問題としてとらえられるような段階ではない。だが、この問題が拡大していく「可能性」は存在するものとして頭においておいたほうがいいだろう。何事にも準備が肝心だ。

つまり、何事も視点によって利点にも欠点にもなるわけだ。確かに、足立区はこれまでビンボーで治安が悪く学力が低かった。ちまたでいわれるほど悪いわけではなくとも、少なくとも東京の他の地域と比べれば、劣った部分が多かったのは確かである。だが反面、だからこそ生まれた暮らしやすさもあったし、問題を解決しやすいこともあったはずだ。現在の足立区は、急速な人口増加という激しい変化にさらされている。今重要なのは、過去の問題点を拙速に改善し、この人口増加に対応することだけではなく「過去の足立区が抱えていた問題点が生んでいた利点」を可能な限り残すためには、どんな手段があるかを考えることではないのだろうか。

足立区には北千住という歴史「資産」がある。足立区全体の発展が見込める今、この価値をもう一度見つめ直すのもよいのかもしれない

明るい未来がみえた時こそ試される行政と住民の判断力。焦らずじっくり街作りを進めていけるかが、足立区の力のみせ所となるのではないか

重要なターニングポイントに立つ足立区

損な目にばかりあってきた足立区の歴史と未来

早いもので、足立区についてお話をするのもここまで。最後に、これから足立区が目指すべき「理想の姿」を考えてみたい。そのために、まずは足立区の歴史をもう一度、簡単に振り返ってみよう。

足立区の歴史は、日本の経済発展と軌を一にしてきたといって間違いはない。足立区が発展するターニングポイントは歴史上3度あった。第一は江戸時代の千住宿の制定。続いて、関東大震災以降の人口増加。そして戦後の高度経済成長だ。

当たり前の話だが、足立区が太古から貧困だったわけではない。そもそも「足立」という地名は「葦立ち」からきている。つまり、海辺に面した低湿地帯が広がっていたと考えられている。

　現存する資料で「足立」の地名が記載された最古のものは、平城京跡から発見された735年の木簡。区内各地に縄文時代の遺跡が点在することから、それ以前からの歴史ある土地であるということがわかる。

　この地域が、経済的に重要性を帯びてきたのは、江戸時代に入ってから。1594年に千住大橋が架橋され、1625年に千住が日光街道の初駅となり、発展が始まった。こうして、現在の北千住一帯は「江戸」の一部として発展した。それ以外の地域は、元禄年間に大規模な新田開発が始まり、江戸近郊の農村として発展した。これに伴い豊富な川筋を活かした舟運が発達。江戸時代を通して、現在の足立区は宿場と「都会近郊の農村」として栄えたのである。

　ところが、明治に入ると足立区の苦難が始まる。先に述べた通り、明治以降の鉄道施設の波に足立区は乗り遅れた。だが、足立区も指をくわえて待っていたわけではない。豊富な水量もあってか、紡績、製紙などの工場が、さらにレンガ工場も数多く建設された。従来の水運網の充実を活かした発展だった。

一方、1907年の水害を機に、荒川放水路の掘削が行われた。現在、足立区を大きく分断する要因となっている荒川はこの時作られたものである。この荒川による分断によって、足立区は後に大きな足かせを嵌められることになる。

さて、1923年の関東大震災によって、足立区南部の発展が始まる。被災した下町地域の住民が足立区に移転してきたのだ。西新井、梅島までの市街化が進んだのはこの時のことだ。昭和に入り、1928年には市電が千住大橋から千住四丁目まで延伸。これで、足立区はついに都心部への通勤圏となる。だが、北部地域はまだまだ農村地帯のまま残された。

戦後史の負の部分を背負わされる足立区

足立区の市街化が全域に及んだのは戦後のことだ。まず、関東大震災に続き、戦時中の空襲によって家を失った人々が足立区に流入する。次いで、高度経済成長期に入り、爆発的に増加した人口がまたも足立区へ向かった。これにより、足立区にあった多くの工場は住宅増加による環境悪化と水運の衰退による生産性の問題から次々と移転していった。また、田畑のほとんども増加した人口を押し込むための集合住宅へと変貌をとげていくことになる。

こうした土地を整地するために使われたのが、発展する東京都がはき出したゴミだった。集合住宅の下には、都内で発生したビル建設に伴う廃材、地下鉄建設による残土が使われているところが多い。こうして広大な団地群が完成するが、交通網の新設は、ほとんど行われなかった。当時の足立区は、「今はまだ不便だが、いずれ住環境も改善されるだろう」という希望のある「作りかけの新興ベッドタウン」だったのだ。しかし、足立区が発展を遂げる前に高度経済成長期は終了。急ごしらえのベッドタウンである足立区は、元々あった工場はなくなり、農業は滅び、地場産業はなく、都心からも遠い「取り残された地域」となってしまったのだ。こうして、１９７０年代以降、足立区は「ビンボー」「不良が多い」「不便」な土地へなっていったのである。日本中を狂乱させたバブル経済にも「ほとんど乗れなかった」のは、都内他地域に比べ、あまりにも「値段が上がらなかった」事実からも推して知るべしである。

空白の30年を経て何を目指すべきか

さて、改めて足立区の歴史を見直すと「ひどい目に遭ったのだな」という認識を新たにする。そんな足立区に変化が訪れたのは、しつこいようだがやはり、つくばエクスプレスと日暮里・舎人ライナーの開通からである。高度経済成長期の終わりが1971年なので、軽く30年以上ほったらかしにされたわけだ。そりゃ悪いイメージもついちゃうわけだ。

だが、それももう過去の話。待望のインフラ網充実で、足立区には光が差している。ここからは、過去の反省をどう活かし、安全で確実な発展をさせていくかが課題となるだろう。まず、やはり「過去の失敗（いや、むしろ足立区は被害者というべきなのだが）」を繰り返さないためにはどうすればよいかを考えてみたい。

足立区が陥ったのは「住民を集めたはいいがその生活のケアができなかった」ということだ。このうち、まずもっとも重要な交通網については、大きな前進があった。では、次いで重要なのはなんだろうか。

これはやはり「地場産業」の育生だろう。しかし、言うは易いが企業誘致など簡単にできるものではない。しかし、せっかく鉄道が通ったのだからこれを利用しない手はない。

まず期待できるのは、つくばエクスプレス沿線だ。先にみたとおり、六町駅周辺は自由に開発できる余地がある。ここには、安直に大型の商業施設やマンションを建てるだけではなく、一定規模の産業を引っ張ってこられないか、検討をするべきだろう。一方、日暮里・舎人ライナー沿線は、なかなか難物だ。このエリアは、もともと「住宅しかなかった」エリアであり、案外空き地が少ない。マンション開発は進んでいるが、なんといっても駅前に喫茶店のひとつもなく、企業を呼んでくるための素地はあまりないのが現状だ。このエリアでアドバンテージといえるのは、やはり広大な舎人公園だろう。なんとか、舎人公園が近くにあるという環境面のよさを活かし、その上でどこかの駅に「生活拠点」となる商業エリアを計画できないだろうか。

当然、こんなこと簡単にできないのは重々承知だ。しかし、ここでは以前、「とりあえず住居だけ作ってほったらかし」にしてしまった反省を活かすという話をしている。つまり、駅前周辺を商業地にする必要が感じられ、それが簡単ではない日暮里・舎人ライナー沿線の開発は、少々時間がかかっても、しっかりとした「理想像」にむかって行うべきではないか、ということだ。

では、その理想像とはなんだろう。地場産業を育てるにしても、足立区の土地柄に合った、足立区が欲しい産業とは何かと「選択」する必要があるだろう。何が考えられるだろうか。まず「安価に生活できる」ことを押し出すなら、初期費用を抑えたいベンチャー村などというものが考えられる。海外の大成功したベンチャー企業の中には「軌道に乗るまで資金がなく、社屋の屋上にテントを張って生活していた」なんて逸話もある。ビンボーなイメージのある足立区とベンチャーとは案外マッチングがいいのかもしれない。

例えば、区営の投資ファンドを作り、その一環として「ベンチャー起業家下宿」みたいなものを作ってみるのはどうだろう。当然、理想は風呂無しの四畳半だ。これに税制の優遇などを組み合わせ、「チャンスのある足立区」を作るという寸法だ。もちろん、牧歌的な話だけでは収まらない。将来的な大規模開発に備え、この「下宿」を利用するのである。つまり、用地買収の一環として古い住宅を区が購入。当面は下宿として使い、ランニングコストを節約するわけだ。これにより、可能性のあるベンチャー企業を生活コストの安い土地で育てつつ、大規模開発が可能なだけの土地が集まったら巨大ビルでもなんでも建てるという手法が成り立つ。

正直、こんな話はほとんど夢物語ではあるが、こんな感じで「今不足しているものや必要とされているものに目を付ける」視点が欲しい。現状の足立区には、お台場エリアのような「駅前の広大な空き地」はないわけだから、工夫が必要だろう。

誇らしい足立区の姿とはなんだろう

足立区は、これまで東京都の、そして戦後日本の「都合」で損ばかりしてきた土地だ。そのおかげで「特別地域」となってしまっていたわけだが、それはすでに過去の話になりつつある。これが本書の「結論」である。2007年に刊行した『日本の特別地域①東京都足立区』では、「足立区はまさに発展途上なのである」と結論づけた。現状は、それが間違いではなかったことを示している。

だからこそ、考えることは山積みだ。過去の姿を濃厚に残している今は、もっとも重要なターニングポイントなのかもしれない。ここで、また状況に流されてしまうと、無機質なマンションだらけのおもしろみのないニュータウンになってしまい、再度「取り残される」ことになるかもしれない。物価が安くて、ちょっと荒っぽいけどのんびり暮らせる街。それが足立区の「売り」だし、足立区民が好きな足立区の本質だと思う。そして、この利点は「過去の姿」が残してくれている大変貴重な財産であろう。

貴重な財産を大切に使いながら、足りないところだけど足していく。それこそが、楽しく暮らせる「誇らしい足立区」を作り上げていくために、忘れてはならないのではないだろうか。

ビンボーもヤンキーも大切に扱ってこそ、よりよい新生足立区は、無限の可能性を育てていくことができるはずだ。

ちょっと時間はかかったが、足立区の冬は終わった。これからの道のりは険しいかもしれないが、それでも春が、足立の地にやってきたのだ

あとがき

足立区。あまりにも思い出深いこの土地を扱う書籍を、もう一度扱うことのできた感慨は深い。この地域批評シリーズは、スタートからすでに9年の歳月を経てきた。この足立区から始まり、すでに北海道は札幌から鹿児島まで、沖縄と北海道の北部を除き、ほぼ全国を制覇するまで、シリーズは発展をとげることができた。それもこれも、すべては足立区民が、本書を支持、もしくは怒りを持って読んでくれたことから始まっている。

地域批評シリーズは、全国各地を扱うにあたり、大きな反響を賜った。講演会に呼んでくれた地域、テレビやラジオにスタッフが出演し、お話をさせてもらった地域もある。様々な形で興味を持っていただけた。

そして、そんな大恩ある足立区は、口はばったいことではあるが、我々が予測した通り、いや、それ以上の発展を遂げている。折につけ、その様子を覗いてはいたのだが、今回改めて足立区の主要地域を回ってみて、数字で確認した以上の実感を持って、足立区が前へ前へとその足を進めていることを実感できた。素直に嬉しかった。

印象深いのは、やはり日暮里・舎人ライナー沿線だ。2007年の夏頃は、本当に「見捨てられた昭和の街」のように見えたこのエリア。実際の所、線路は通っても、巨大な商店街ができていたり、あたりの住宅がすべて高層マンションになっているわけではない。数えれば、ほんのわずかな数のマンションが建った程度なのだろう。しかし、街の空気というべきか、日暮里・舎人ライナーの車窓からみた景色から、なにやら「未来への希望」のようなものを感じたのである。数字では計ることのできない「何か」が、今足立区に存在する。そう思うのは、我々の思い込みなのだろうか。贔屓の引き倒しなのだろうか。

そうではないと、本書の編集を終えて我々は確信している。別に、足立区のすべてが上手い具合に発展しているわけではない。残っている大問題もあれば、新しく発生した課題もあるだろう。それでもなお、足立区は、健康な進歩を遂げている。これは、足立区にかかわる全ての人々の努力と想いの成果であろう。

我々の書籍が、そんな足立区の発展に欠片でも寄与できたのではないか。などと思い上がっている自らを、ちょっと反省する今日この頃である。

参考文献

【足立区】
・足立区総務部区政情報室
『数字で見る足立区』足立区　２００６年
・足立区政策経営部政策課
『足立区基本計画』　２００５年
・足立区政策経営部政策課
『足立区基本構想』　２００４年
・足立区政策経営部政策課
『あだち広報２００４年9月30日号』　２００４年
・足立区区民課多文化共生係
『多文化共生推進計画』　２００５年
・足立区都市計画課都市計画係
『足立区緑の基本計画』　２００７年
・足立区衛生管理課計画調整係
『足立区食育推進計画』　２００７年
・足立区教育政策課教育政策担当
『足立区教育基本計画』　２００７年
・足立区 福祉部子育て支援課次世代育成担当
『あだち次世代育成支援行動計画』　２００６年
・東京都足立区役所
『新修　足立区史』　足立区　１９６７年

・るるぶ編
『るるぶ足立区』　ＪＴＢパブリッシング　２００５年
・ウォーカームック編
『足立区ウォーカー』　ウォーカープラス　２００５年

【港区】
・港区総合経営部企画課
『港区行政資料集』港区　２００６年
・港区『港区基本計画・実施計画』　２００６年
・港区『街づくりマスタープラン』　１９９６年
・港区『景観マスタープラン』　１９９７年

【杉並区】
・杉並区区民生活部管理課
『杉並区統計書』杉並区　２００６年
・杉並区『杉並区基本構想　杉並区21世紀ビジョン』
杉並区　２０００年
・杉並区『新修杉並区史』杉並区　１９８２年
・杉並区教育委員会
『杉並区教育ビジョン推進計画』杉並区　２００７年
・杉並区教育委員会
『杉並区教育改革アクションプラン』杉並区　２００７年
・杉並区区民生活部男女共同参画推進担当
『男女共同参画に関する意識と生活実態調査』２００６年

・杉並区『杉並区まちづくり基本方針』2002年

【その他】
・多摩ニュータウン学会
『多摩ニュータウン研究1〜8』多摩ニュータウン学会
・桃花台線のあり方検討会
『桃花台線のあり方に関する提言』2005年
・福原正弘
『ニュータウンは今』東京新聞出版局 1998年
・西山康雄
『アンウィンの住宅地計画を読む』彰国社 1992年
・片木篤
『イギリスの郊外住宅』住まいの図書館出版局 1987年
・東浩紀、北田暁大
『東京から考える―格差・郊外・ナショナリズム』
日本放送出版協会2007年

【東京都】
・東京都総務局統計部
『東京都統計年鑑』東京都 2007年
・東京都総務局統計部
『暮らしととうけい』東京都 2007年
・東京都総務局統計部
『住民基本台帳による東京都の世帯と人口』2007年

・東京都総務局統計部
『学校基本調査報告』２００６年
・東京都生活文化局総務部
『駅前放置自転車の現況と対策』２００４年
・東京都総務局災害対策部
『区市町村防災事業の現況』２００７年
・東京都財務局主計部『財政のあらまし』２００６年
・東京都都市整備局市街地建築部
『建築統計年報』２００６年
・東京都建設局公園緑地部『公園調書』２００６年
・東京都教育庁総務部
『公立学校統計調査報告書（学校調査編）』２００６年
・東京都福祉局
『高齢者福祉施策区市町村単独事業一覧』２００２年
・東京都総務局統計部
『国勢調査東京都区市町村町丁別報告』２００６年
・東京都福祉局国民健康保険部
『国民健康保険事業状況』２００７年
・東京社会保険事務局
『国民年金事業統計』２００７年
・東京都総務局行政部
『市町村別決算状況』２００６年
・東京都福祉局総務部
『社会福祉施設調査報告』２００６年
・東京都福祉局総務部
『社会福祉統計年報』２００６年

・東京都総務局統計部
『事業所・企業統計調査報告』　２００５年
・東京都総務局統計部
『事業所統計調査報告』　２００５年
・東京都総務局統計部
『商業統計調査報告』　２００５年
・東京二十三区清掃協議会『清掃事業年報』　２００６年
・東京都総務局行政部『特別区決算状況』　２００６年
・東京都総務局行政部
『特別区公共施設状況調査結果』　２００６年
・東京都都市計画局
『東京の土地（土地関係資料集）』　２００６年
・東京都健康局総務部『東京都衛生年報』　２００６年
・東京都都市整備局
『東京都都市整備局事業概要』　２００６年
・東京都建設局道路管理部
『東京都道路現況調書』　２００６年
・東京都総務局総合防災部防災管理課
『消防年報』　２００５年
・警視庁総務部文書課『警視庁の統計』　２００６年
・警視庁交通部『警視庁交通年鑑』　２００６年

【総務省】
・総務省統計局『国勢調査報告』　２００６年
・総務省統計局『消費者物価指数月報』　２００６年

【サイト】

・特別区自治情報・交流センター　統計情報システム
http://www.research.tokyo-23city.or.jp/

・東京都公立図書館協議会『東京都公立図書館調査』
http://www.library.metro.tokyo.jp/15/15700.html

・東京都の統計
http://www.toukei.metro.tokyo.jp/index.htm

・第26回特別区の統計
http://www.research.tokyo-23city.or.jp/26toukei.html

・足立区ウォーカー
http://www.walkerplus.com/adachi/

・環境都市フライブルグ・田園都市レッチワースにおけるまちづくり
http://chiiki.doshisha.ac.jp/activity/pdf/04.pdf

・多摩ニュータウンの未来
http://www.pompoco.or.jp/chiikitai/report/future_tamant/index.htm

・２００５欧州・住宅地・まちなみ最新事情
http://www.machinami.or.jp/inspection/2005/nakai.html

※このほか、各鉄道会社のサイトも利用した

●編者
昼間たかし
ルポライター。昭和50年、岡山県生まれ。
言論・表現の自由、地方の文化や忘れられた歴史などをテーマに取材する。近著に『コミックばかり読まないで』（イースト・プレス）、『これでいいのか東京都大田区』（共著、マイクロマガジン社）など。

地域批評シリーズ⑪　これでいいのか 東京都足立区
2016年7月13日　第1版　第1刷発行
2021年4月　1日　第1版　第2刷発行

編　者　昼間たかし
発行人　子安喜美子
発行所　株式会社マイクロマガジン社
〒104-0041　東京都中央区新富1-3-7 ヨドコウビル
TEL 03-3206-1641　FAX 03-3551-1208（販売営業部）
TEL 03-3551-9564　FAX 03-3551-0353（編　集　部）
https://micromagazine.co.jp/
編　集　髙田泰治
装　丁　板東典子
イラスト　田川秀樹
協　力　㈱n3o
印　刷　図書印刷株式会社

※本書の内容は2016年6月15日現在の状況で制作したものです

2021 Printed in Japan　ISBN　978-4-89637-572-5　C0195